Michael Tschechow,
Der Schauspieler ist das Theater

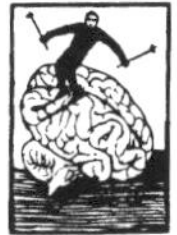

«Wenn Sie meine Methode verstehen wollen, so schauen Sie sich den Schauspieler Michael Tschechow an», äußerte sich Konstantin Stanislawski einst über seinen Meisterschüler.

Michael Tschechow (1891–1955), Neffe des berühmten Schriftstellers Anton Tschechow, galt als einer der brillantesten Schauspieler Russlands im frühen 20. Jahrhundert. Er nutzte sein außergewöhnliches Talent für die Erschaffung völlig unterschiedlicher Figuren und war ein kühner Beobachter des schöpferischen Prozesses. Mitglied in Stanislawskis Moskauer Künstlertheater (MChAT) und später Leiter des MChAT 2, geriet er in den 1920er-Jahren zunehmend in Konflikt mit der stalinistischen Kulturpolitik. Dies führte 1928 zu seiner Emigration. In den darauffolgenden elf Jahren spielte und inszenierte er u. a. in Berlin, Paris und den baltischen Staaten. 1936 gründete er das Chekhov Theatre Studio in Dartington Hall, England, und entwickelte dort die Grundlagen für seine eigene Schauspielmethode. Nach seiner zweiten Emigration 1939 in die Vereinigten Staaten eröffnete er das Studio erneut in Ridgefield, Connecticut, und unterrichtete sowohl in New York als auch in Hollywood.

Michael Tschechow

DER SCHAUSPIELER IST DAS THEATER

New Yorker Vorträge 1942

Deutsch von Michael Raab

Herausgegeben von Anton Rey
und Ulrich Meyer-Horsch

Mit einem Nachwort von Lionel Walsh

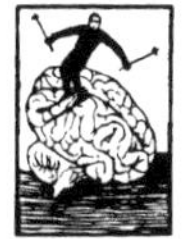

z hdk
Zürcher Hochschule der Künste

Zürcher Hochschule der Künste
Alexander Verlag Berlin

subTexte 26 der Zürcher Hochschule der Künste.
IPF, Institute for the Performing Arts and Film, ZHdK
info.ipf@zhdk.ch | www.zhdk.ch

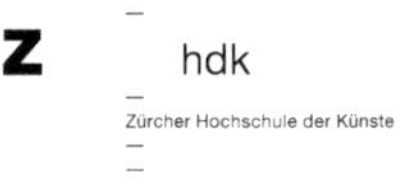

Erstausgabe

Alexander Wewerka, Fredericiastrasse 8, D-14050 Berlin
info@alexander-verlag.com | www.alexander-verlag.com

Redaktion/Lektorat: Ulrich Meyer-Horsch, Michael Raab, Anton Rey
Grafik/Layout/Umschlag: Antje Wewerka
ISBN 978-3-89581-567-6
Printed in the EU (May) 2022

Inhalt

Einführung

Der *Schauspieler ist das Theater* ist eine Sammlung von Vorträgen des russischen Theaterpioniers Michael Tschechow (1891–1955), die dieser 1942 vor Schauspieler*innen[1] in New York hielt. Sie werden hier zum ersten Mal in Buchform präsentiert.

In öffentlichen Gesprächen im Kriegsjahr 1942 legt Tschechow seine Schauspielmethode dar, die er elf Jahre später in seinem Buch *To the Actor* sowie in anderen Schriften weiter systematisiert. Das Besondere an diesen Vorträgen ist ihre Verzahnung mit aktuellen gesellschaftlichen Ereignissen und der daraus resultierenden Forderung nach einem radikal neuen «Theater der Zukunft». Zentrum dieses «Theaters der Zukunft» ist eine neue Kunst des Spielens.

«Der zukünftige Schauspieler [muss] jemand sein, der alles spielen kann, was man ihm gibt. (...) [Er] wird sich erst einmal selbst als menschliches Wesen entdecken, als jemand mit enormer Willenskraft, einem sehr grossen Herzen und einer geradezu mit Händen zu greifenden Imagination. Ein Darsteller dieser Art kann Antworten auf heutige Probleme finden, genauso wie für die jeder anderen Zeit, in der er lebt.» Dabei betont er, wie Schauspieler*innen schon immer verbunden waren mit aktuellen gesellschaftspolitischen Ereignissen und wie sie dies auch heute wieder sein müssen. Sie können sich dem Glück und dem Leid ihrer Umwelt nicht entziehen. «Stellen Sie sich vor, wir seien derart abgeschottet und so schlecht darauf vorbereitet, Leute zu treffen, die aus einem derzeit besetzten Land kommen, sich eine Karte kaufen und bei uns im Theater sitzen. Was glauben Sie, wie die sich fühlen würden? (...) Diese Menschen (...) haben erlebt, wie ihre Eltern, ihre Bräute, ihre Freunde und ihre Kinder vernichtet wurden – sie wissen oft nicht einmal, wo sie sind –, sie bluteten und sie bluten immer noch – sie weinen stumm in sich hinein um Hilfe, die ihnen niemand geben kann.» Das Schicksal dieser Menschen muss uns berühren, es muss uns das Herz zerreissen, «und wenn ich für diese Menschen spielen würde, müsste ich das mit ganzem Herzen tun und unter Einsatz all meines Willens». Schauspieler*innen gehen permanent durch eine Schule des Lebens, die sie mit «anderen Ohren», «anderen Augen», und «anderen Fragen» ausstattet.

AM ABGRUND – DAS THEATER DER ZUKUNFT

Wozu sind Schauspieler*innen also gebeten? Was ist ihre Aufgabe, ihre Mission? Das Theater, wozu ist es da? Auch zwanzig Jahre nach Beginn des neuen Jahrtausends hat die Frage nichts an Relevanz eingebüsst.

In einer Welt der Online-Meetings, Streamings, sozialen Medien und der Influencer*innen, in einer Gesellschaft, die jegliche Neuerung und Rebellion zu kommerzialisieren und zu vermarkten versteht – was vermögen Schauspieler*innen da zu erreichen? Werden sie überhaupt wahrgenommen? Oder bleibt ihnen am Ende nur, sich und ihre Inhalte als Ware darzubieten? «Clowns sind wir, und nicht einmal gute. Der moderne Schauspieler ist im Allgemeinen gar nichts», sagt Michael Tschechow im letzten der hier abgedruckten Vorträge. Das klingt überraschend aktuell. Auch in den pandemiegeprägten Jahren 2020/21 gilt das Theater als «nicht systemrelevant», soll heissen: nicht unabdingbar. Und doch hilft es wenig, darüber zu jammern oder in Zynismus zu verfallen. Zu viel steht auf dem Spiel. Global gesellschaftlich. Aber auch für das Theater selbst.

Global gesehen schaut die Menschheit heute in den Abgrund. Die grossen Probleme der Klimakrise, des strukturellen Rassismus, der militärischen Wiederaufrüstung – sie sind bekannt, aber nicht annähernd gelöst. Wir sehen das (Wieder-)Erstarken autokratischer Systeme, das Zurückdrängen demokratischer Werte, sehen Millionen Menschen auf der Flucht. Wir beobachten die Einschränkung von Freiheit, die Zerschlagung von Demokratiebewegungen, sei es in Myanmar, Hongkong, Thailand, Belarus oder der Türkei, erleben, wie der Freiheitsbegriff selbst missbraucht und desavouiert wird.

1942, dem Jahr der Entstehung der New Yorker Vorträge, steht die Welt ebenfalls am Abgrund.[2] Der Zweite Weltkrieg tobt nicht nur in Europa, sondern breitet sich in Asien und dem pazifischen Raum aus. Am 7. Dezember 1941 greifen japanische Bomber den US-Stützpunkt in Pearl Harbour an. Als Antwort darauf treten die USA in den Krieg mit Japan ein; vier Tage später folgt die Kriegserklärung aus Berlin. Damit stehen die Vereinigten Staaten in einem globalen Zweifrontenkrieg. Japan erobert fast ganz Südostasien und expandiert bis zum indonesischen Archipel. Selbst Teile Australiens werden bombardiert. Nur einen Tag nach dem Angriff auf Pearl Harbour erfolgt der noch schwerere Schlag der Japaner gegen die Philippinen, bis dahin eine Kolonie der USA.[3]

Tschechow nimmt in seinen Vorträgen wiederholt Bezug auf diese Ereignisse, die für seine Zuhörer (im letzten Vortrag wohl vorwiegend Zuhörerinnen) mit ganz persönlichen Geschichten und Ängsten verbunden sind. Die jungen Schauspieler müssen damit rechnen, eingezogen und an die Front geschickt zu werden, Frauen wie Männer sind unmittelbar vom Krieg betroffen. In dieser Situation spricht ein russischer (!)

Emigrant zu ihnen über «das Theater der Zukunft». Ein russischer Emigrant, der 1928 dem aufkommenden Stalinismus in der UdSSR nur knapp entkommen war[4], der in Westeuropa den herannahenden Faschismus und Nationalsozialismus erlebt hat und der 1939 seine Schauspielschule in Grossbritannien schliessen musste[5], weil er für die britische Regierung nun selbst als Sicherheitsrisiko galt.

In den hier publizierten Vorträgen spricht Tschechow vom geistigen «Hitlerismus», aber auch ganz konkret von den Ereignissen in Ostasien und vor allem *von den Menschen* dort: «[F]ragen wir uns ehrlich und ohne Furcht, ob wir wirklich emotional nachvollziehen können, was gerade auf den Philippinen, auf Java, in Australien passiert? Ich denke, nein. Wir wissen es, okay, aber dass wir es *fühlen*, bezweifle ich sehr. Vermöchten wir uns nämlich wirklich vorzustellen, was dort abläuft, könnten wir nicht einfach so weiterleben, wie wir es tun. Das ist ein Beleg für unsere *fehlende Imagination.* (...) Der Darsteller, der unfähig ist zu weinen, wenn er sich all die Mütter und Jungen und Mädchen auf den Philippinen vorstellt – sie sich so konkret vorstellt, dass es umgehend sein Leben verändert, jedenfalls sein inneres –, was kann dieser Schauspieler schon auf der Bühne ausdrücken? Welche Gefühle? Das einzige, was uns heute übrigbleibt, sollten wir uns all diese Mütter, Schwestern, Bräute und Jungen dort nicht vorstellen können, besteht darin, auf der Bühne von einem Stuhl zu einem anderen Stuhl zu gehen, ›Hallo‹ und ›Tschüss‹ zu sagen, und der Vorhang fällt.»

Wenn Tschechow hier an das Einfühlungsvermögen mit den leidenden Menschen seiner Zeit appelliert, sollte man nicht vergessen, in welcher persönlichen Krise er 1942 selbst steckte. Mit der Umsiedlung aus Westeuropa in die USA 1939 hatte er zum zweiten Mal alle seine kulturellen Wurzeln verloren. Im amerikanischen Exil fiel es ihm zunächst schwer,

Fuss zu fassen. Sein Englisch war noch immer schlecht, und er war permanent auf die Hilfe anderer angewiesen. Das Starsystem am Broadway empfand er als tödlich für seine Kunst. Theaterensembles, die ihre Sprache und Kraft aus der verbindlichen Zusammenarbeit des Künstlerkollektivs schöpften, waren in den USA unbekannt bzw. wurden gar mit Misstrauen beäugt. Und das in Ridgefield, Connecticut, wiedereröffnete «Chekhov Theatre Studio» befand sich von Anfang an in einer finanziell prekären Situation. Hinzu kamen Misserfolge mit einigen der Produktionen des Studios und die Unerfahrenheit seines jungen Ensembles. Die durch New York und die Ostküste der USA entlang tourenden Produktionen, u. a. eine Adaption von Dostojewskis *Die Besessenen* (auch bekannt als *Die Dämonen*), Dickens' *Das Heimchen am Herd*, sowie Shakespeares *König Lear* und *Was ihr wollt*, erhielten zwar positive Reaktionen v. a. für ihr hervorragendes Ensemblespiel, waren aber insgesamt weniger erfolgreich als Tschechow sich das erhofft hatte. Bereits 1943, nur ein Jahr, nachdem er die vorliegenden Vorträge gehalten hatte, musste Tschechow das Studio in Ridgefield wieder schliessen und zog nach Hollywood.

Interessant ist Tschechows Auswahl des szenischen Materials in den Jahren 1939 bis 1942: Schon *Die Besessenen*[6] beinhalteten eine starke Resonanz auf die Gewalt der Kriegsjahre, mit der Tschechow so vertraut war: Millionen Menschen starben in Russland, und Hitler und die Nationalsozialisten überzogen ganz Europa mit Leid und Schrecken. Mussolinis Griff nach Afrika und insbesondere die japanische Expansion im Pazifikraum zeigten, wie gefährdet die ganze Welt war. Den jungen amerikanischen Schauspieler*innen fehlte allerdings (noch) diese persönliche Erfahrung der Massengewalt. Tschechow verlangte, sie sollten ihre Imagination einsetzen, sich den

Figuren über Konzentration auf die Unterschiede nähern. Sie sollten sich in Charaktere verwandeln, die der eigenen Erfahrung noch fremd waren. Dieser Zugang war neu und für die jungen Künstler*innen schwierig. Er stellt allerdings ein Herzstück der Tschechow-Methode dar.

Im Kern geht es darum, dass der/die Schauspieler*in sich selbst findet im Gegenüber, im Anderen.[7] Durch konsequentes Trainieren des *Imaginations*vermögens erreicht er/sie ein tieferes Verständnis dieses Anderen: «Schaffen wir es zu sehen, was sie [hier: die Bühnenfigur Lady Macbeth; aber auch der Mitmensch im Allgemeinen; Anm. d. Hg.] in einem bestimmten Moment tut, vor unserem *inneren Auge* zu erblicken, was sie dabei gerade fühlt, geschieht ein Wunder. Wir fangen an, wie sie selbst zu fühlen, zu sehen und zu denken, und erwecken uns als Schauspieler.»

Die Bühnenfigur «zeigt Ihnen ihre seltsamen Geheimnisse, wie sie (...) liebt. Es fällt schwer, sich das vorzustellen, aber möglicherweise liebt selbst Hitler, nur wie? Mit Lady Macbeth ist es dasselbe. Fragen wir sie, wie sie liebt, zeigt sie es uns, demonstriert es vor unseren Augen. Auch diese Enthüllung können wir nicht ganz verstehen. Sie überfordert uns. Es ist ein kreativer Prozess, da die erwachte Imagination uns Dinge zeigt, die uns sonst nie und nimmer in den Sinn kämen. (...) Lady Macbeth offenbart Ihnen Ihr eigenes Selbst, und Sie enthüllen für sich die Psychologie von Lady Macbeth, *weil Sie neue Augen, neue Ohren, ein neues Herz, einen neuen Willen, ein neues Gehirn als Schauspieler, als ein Schaffender, erhalten haben.*» [Hervorhebung der Hg.]

Das lebendige Bild der Figur (bzw. analog dazu das des Mitmenschen) begleitet den/die Schauspieler*in nun und erscheint, wann immer es will. «Plötzlich spüren Sie, es ist ganz unvermittelt da. Reich, komplett, viel stärker, als Sie selbst es sind. (...) Sie werden sehen, was Ihr Bild Ihnen offenbaren wird. (...) [E]in genussvoller Zustand. (...) Das Herz ist da, Sie wissen, was es fühlt, Sie beginnen, dasselbe zu fühlen (...). Das Bild ist Sie (...) – es ist *Ihre kreative Fähigkeit, eine höhere Fähigkeit, ein Geschenk.* (...) Wenn Ihnen dieses Bild erscheint, werden Sie fürchterlich glücklich sein, es ist gleichzeitig jedoch auch eine schrecklich schmerzhafte Erfahrung ...»

Es sind diese mit-fühlenden, mit-leidenden Schauspieler*innen, die unsere Kunst und unsere Welt auch heute noch und vielleicht mehr denn je so dringend brauchen. Der Begriff «Theater der Zukunft» darf also durchaus als ein utopischer verstanden werden, und zwar im besten Sinne des Wortes: als ein noch zu verwirklichendes Ideal, das nach vorne treibt; ein U-topos eben, ein Ort, wo noch niemand war, wo der Mensch zum Menschen wird und sich vom Glück und Leid des Anderen berühren und verändern lässt. Diesem utopischen Bild der Schauspielkunst nachzuforschen, ist eine Sehnsucht, die vielen Schauspieler*innen Kraft zu verleihen vermag, auf den Bühnen und vor den Kameras, grossen wie kleinen, auch des 21. Jahrhunderts.

ZU DIESEM BUCH

Mit der Herausgabe dieser Vorträge[8] möchten wir ein Angebot machen, die Fragen unserer heutigen Welt in einen Dialog zu bringen mit der künstlerischen Perspektive Michael Tschechows.

Bereits 2013 richtete die Zürcher Hochschule der Künste (ZHdK) gemeinsam mit *Michael Chekhov Europe e. V. (MCE),* der Vereinigung der europäischen Tschechow-Studios und – Initiativen[9], eine internationale Konferenz aus, in der auf praktischer wie theoretischer Ebene die Relevanz Tschechows für das zeitgenössische Theater befragt wurde. Zeitgleich erschienen seine New Yorker *Lektionen für den professionellen Schauspieler* als Band 9 der Reihe subTexte der ZHdK im Alexander Verlag Berlin.

Angefangen hatte die Zürcher Recherche im Frühsommer 2008 mit einer Schenkung von zwei Pappkartons mit Bildern, Büchern und Notizen der Theaterschaffenden, Malerin und Illustratorin Georgette Boner (1903–1998). In der Folgezeit konnte dank der Unterstützung der Boner-Stiftung dieser Nachlass archivgerecht aufgearbeitet und in einer Datenbank[10] erfasst werden. Er ist für weitere Nachforschungen zugänglich und wird von international tätigen Wissenschaftler*innen genutzt, zuletzt aus New York, Moskau und Prag.

Besonders wertvoll an diesem Nachlass schien uns schon damals die umfangreiche Dokumentation zu Michael Tschechow, dessen grundlegende Übungen und Anleitungen auch im 21. Jahrhundert an Bedeutung für die Theaterausbildung und -praxis nicht verloren haben. Die nun archivierten Texte, Programmhefte, Presseberichte und Fotos zeugen von der Freundschaft und engen Zusammenarbeit Tschechows und Boners, vor allem in den 1930er-Jahren.

Während unserer Beschäftigung mit Georgette Boners Schaffen tauchte allerdings ein weiteres, nie gedrucktes Manuskript Michael Tschechows auf, welches wir hier einer wissenschaftlichen und künstlerischen Rezeption in Taschenbuchform präsentieren. Es schliesst damit als Folge an die oben genannten *Lektionen für den professionellen Schauspieler* an, die gleichzeitig in einer zweiten Auflage im Alexander Verlag Berlin erscheinen.

Die Redaktion der Übersetzung gestaltete sich schwierig. Zum einen weist das Manuskript ein abruptes Ende auf, und es fehlen Anmerkungen zur Redezeit oder Fussnoten und weitere für das Verständnis der Vorträge hilfreiche Kommentare. Zum anderen machen es Tschechows wackeliges Englisch und die flink stenographierten Notate schwer, beim Übersetzen eine möglichst sinnvolle Gedankenabfolge zu rekonstruieren. Der Expertise des Tschechow-geübten Übersetzers Michael Raab ist es zu verdanken, dass die Vorträge von 1942 nun auch in deutscher Sprache syntaktisch und inhaltlich korrekt und in fliessendem Gedankengang einfach zu lesen sind.[11] Seit der Zürcher Konferenz 2013 sind im englischsprachigen Raum zahlreiche neue Publikationen über Michael Tschechow erschienen. Die hier vorgestellten Vorträge wurden allerdings noch nie als Buch veröffentlicht. Es handelt sich also um eine echte Premiere.

Im ***ersten Vortrag*** beschreibt Tschechow die künstlerische Konzentration als einen alles durchdringenden, quasi erotischen Akt. Er erläutert verschiedene Wege der Verwandlung in die Bühnenfigur, insbesondere die Techniken des «imaginären Körpers», der «imaginären Körperzentren» und der Verkörperung innerer Bilder. Sodann spannt er den Bogen über Atmosphäre und individuelle Gefühle zu einfachen Übungen, die den/die Schaupieler*in körperlich wie emotional durchlässig halten, z. B. die Bewegungsweisen «stakkato – legato» und «formen – fliessen – fliegen – ausstrahlen». «Ausreichend beweglich wird der Körper zu einem Verständnisorgan.»

Der ***zweite Vortrag*** untersucht die Frage, was unter «Leben» auf der Bühne zu verstehen ist. Tschechow macht hier einige praktische Vorschläge, wie sich die innere Lebenskraft der Bühnenfigur erforschen lässt. Dabei spielt das Gespür für die «objektive Atmosphäre» eine entscheidende Rolle. Atmosphäre ist für Tschechow der Herzschlag, die Seele jeder Aufführung. Eine starke Atmosphäre verbindet die Bühne mit dem Publikum und befähigt die Spieler*innen, «sich geistig und seelisch zu öffnen und auf das Publikum zu hören, darauf, was es sich ersehnt und was es braucht». Der Vortrag mündet in die Diskussion von vier Stufen des kreativen Prozesses, welche zu künstlerischer Freiheit führen: 1. Der Atmosphäre lauschen, 2. Mit den inneren Bildern in Dialog gehen, 3. Verkörperung, 4. Inspiration.

Der ***dritte Vortrag*** ist ein Gespräch über Szenen, die die anwesenden Schauspieler*innen präsentiert haben. Tschechows Feedback bezieht sich hier auf Fragen des räumlichen und ganzheitlichen Sprechens sowie auf den lebendigen Umgang mit Text. Es geht um innerliches und äusserliches Spiel, um körperliche wie sprachliche Leichtigkeit, Vermeidung von Monotonie durch Kontraste, Rhythmus, Erfindungsreichtum und die «*Aktivität unserer Imagination* in Form *unseres kreativen Geistes*».

Im ***vierten Vortrag*** beleuchtet Tschechow die gesellschaftliche Stellung des Theaters und die Mühen des Probenprozesses. Ihnen stellt er seine Vision eines Theaters des Ensemblespiels und kooperativen Geistes entgegen: «[W]enn (...) dieser neue Geist, der einerseits aus dem Schmerz, andererseits aus der Inspiration, das Theater der Zukunft zu entwickeln, hervorgehen muss – wenn diese Aufgabe von einer Gruppe von Darstellern, von *Pionieren*, in Angriff genommen wird, dann glaube ich an alles.»

Der ***fünfte Vortrag*** schliesslich reflektiert zum einen die politische Funktion der Schauspielkunst. Zum anderen vertieft Tschechow hier seine Ausführungen zur Rollengestaltung. Dazu gehören Übungen zur Entwicklung der Imagination und der «Ausstrahlung» sowie das Durchdringen des Innenlebens der Figur. Tschechow erschliesst hier noch einmal den Prozess der Einverleibung der Bühnenfigur in konkreten und trainierbaren Schritten.

Das Interesse an Tschechows Arbeitsweise ist in den letzten Jahren enorm gestiegen. Mit *Michael Chekhov Europe* haben wir in vielen Konfliktregionen der Welt gearbeitet: in den Ländern Ex-Jugoslawiens, in Israel und im Libanon, in der Türkei und in Armenien, in Südostasien, in der VR China, Japan und Taiwan. Heute gibt es Tschechow-Studios und Tschechow-Ensembles auf der ganzen Welt.[12] Tschechow hätte vielleicht gestaunt, wie sehr seine Schauspielmethode zu einer Referenz für künstlerischen Dialog und Versöhnung geworden ist. Und er hätte sich sicher gefreut, dass es keine Tschechow-Epigonen sind, die seine Arbeit weitertragen, sondern selbstverantwortliche Künstler*innen, die brennende Fragen an unsere Zeit stellen, sich selbst aufs Spiel setzen, und dabei immer wieder neue, eigene Wege einschlagen.

Zu dieser Freiheit möchten wir den Leser und die Leserin ermutigen und wünschen viele lebendige Spielmomente.

Ulrich Meyer-Horsch und Anton Rey
Hamburg und Zürich, September 2021

Ulrich Meyer-Horsch ist Künstlerischer Leiter der Schule für Schauspiel Hamburg (SfSH) und Mitbegründer von Michael Chekhov Europe e. V. (MCE). Er lehrt die Tschechow-Methode seit dreißig Jahren, u. a. als Ausbilder der Michael Chekhov Association (MICHA), New York.

Anton Rey lehrt und forscht seit 2002 an der Zürcher Hochschule der Künste (ZHdK). Davor arbeitete er als Assistent, Dramaturg oder Regisseur an verschiedenen Theatern u. a. in Zürich, Berlin, München und Wien.

Anmerkungen

1 Die heute gängige Verwendung der männlichen und weiblichen Sprachform war in den 1940er-Jahren noch nicht üblich. Die Originaltexte verwenden daher unverändert die – inklusiv gemeinte – männliche Form.

2 1942: Die Wannseekonferenz findet im gleichen Jahr statt wie die Walt-Disney-Filmpremiere von *Bambi*, es beginnen die ersten Massentransporte nach Auschwitz, und Schostakowitschs während der Leningrader Blockade komponierte 7. *Sinfonie* wird uraufgeführt. In Stalingrad wird die deutsche Besatzung zurückgedrängt, und in Tschechows neuem Zuhause New York feiert man die Premiere von *Casablanca*. Die Mächtigen der Welt führen Krieg, Adolf Hitler, Benito Mussolini, Josef Stalin, Franklin D. Roosevelt, Winston Churchill – was soll die Bühne in so einer Zeit spielen, wie kann ein*e Akteur*in sich zwischen Hamlet und Hitler positionieren?

3 Mit dem Angriff auf die Philippinen im Dezember 1941 beginnt der japanisch-amerikanische Pazifikkrieg. Japan ist zunächst weit überlegen und nimmt binnen kurzer Zeit strategische Ziele im gesamten südostasiatischen Raum ein, u. a. Hongkong, Singapur und die malaiische Halbinsel. Es folgen Borneo, Sumatra, der Norden Neuguineas. Im Februar 1942 attackieren japanische Kampfbomber die Stadt Darwin in Nordaustralien. Erst im August 1942 gelingt es den USA mit der Besetzung der Salomonen-Insel Guadalcanal, den japanischen Vormarsch zu stoppen.

4 Lee Strasbergs Äusserung, man solle Tschechow doch zurück in die Sowjetunion schicken, kann angesichts des Umstandes, dass Tschechow dort mit seiner Inhaftierung oder sogar Hinrichtung rechnen musste, nur als zynisch bezeichnet werden. (Vgl. Franc Chamberlain, *Michael Chekhov*, Routledge: London, 2003/2018) Im krassen Gegensatz dazu steht Stella Adlers tiefe Bewunderung für Tschechow und seine Methode. Adler stellte wie Tschechow die Kraft der Imagination ins Zentrum ihrer Schauspieltechnik.

5 In Dartington Hall in der Nähe von Exeter, UK, hatte Tschechow 1936 das «Chekhov Theatre Studio» eröffnet. Dort kamen Künstler*innen aus der ganzen Welt zusammen, u. a. Kurt Jooss, Rudolf Laban, Beatrice Straight und Uday Shankar. 1939 musste das Studio schliessen und in die Vereinigten Staaten umziehen.

6 *Die Besessenen* feierte bereits im Oktober 1939, also kurz nach Ausbruch

des Kriegs in Europa, Premiere am Broadway und wurde neun Monate lang gespielt. Die Gruppe tourte sodann mit weiteren Produktionen durch New York und die Universitätsbühnen der Ostküste.

7 Tschechows besonderes Interesse galt dem Ensemblegeist: «Es gibt auf der Welt nichts Bewegenderes als das Zusammenspiel eines Ensembles. Wir sind nicht dazu geschaffen, unabhängig voneinander zu arbeiten. Die Gruppe verschmilzt zu einer Einheit. Das ist das Geheimnis echten sozialen Lebens.» (1937) «Denken Sie bloss nicht, dass Ihre Wirkung auf New York beschränkt bleibt, weil Sie dort spielen. Nein, Sie beeinflussen die ganze Welt, wenn Ihnen etwas wirklich Bedeutsames gelingt. Spielen Sie heute gut, ist das Ergebnis unterschwellig auch anderswo auf der Erde zu bemerken.» (1937)

8 Die Vorträge wurden an verschiedenen Orten und zu unterschiedlichen Anlässen gegeben. Das Hunter College existiert noch heute, während über die anderen Begegnungsorte «Actors' Service», «Actors' Cue» und «Labor Stage» keine Hinweise mehr zu finden sind.

9 Siehe: www.sfsh.de/chekhov-international und www.michaelchekhoveurope.eu.

10 Siehe ZHdK-Archiv: http://miz.zhdk.ch.

11 In gewisser Hinsicht dürfen wir sogar behaupten, dass es mehr Sinn macht, die Reden auf Deutsch denn auf Englisch zu lesen, da das Typoskript in seiner ursprünglichen Fassung nie gegengelesen und auch deshalb nie gedruckt worden ist. Die deutsche Fassung variiert nun die vielen im Original vorkommenden *«thing»*-Wiederholungen und (er)findet kontextgetriebene Begriffe, wie sie den Tschechow-Kenner*innen aus anderen Reden und Publikationen des Meisters vertraut geworden sind, oder löst auch mal einen Schachtelsatz auf, ohne dem Original etwas anzudichten oder auszusparen.

12 Michael-Tschechow-Studios und Tschechow-Ensembles haben sich nicht nur in den USA und in fast allen Ländern Europas etabliert, sondern auch in Russland, Israel, der Türkei, Kanada, Brasilien, Uruguay, Mexiko, Indien, Thailand, Japan, Taiwan, Südkorea, Singapur und Australien.

UNSER KÖRPER WIRD UNSER GEHIRN

Öffentlicher Vortrag für Schauspieler des «Actors' Service» am 29. Januar 1942

- DER SCHAUSPIELER DER ZUKUNFT
- KONZENTRATION
- ATMOSPHÄRE
- IMAGINATION – DAS BILD
- DAS INNERE LEBEN DER FIGUR
- DIE UNABHÄNGIGE EXISTENZ DER FIGUR
- DIE VERKÖRPERUNG DER FIGUR
- DER IMAGINÄRE KÖRPER DER FIGUR
- DIE PSYCHOLOGIE DER FIGUR VERSTEHEN
- DEN KÖRPER DES SCHAUSPIELERS AUSBILDEN
- FORMEN – FLIESSEN – FLIEGEN – AUSSTRAHLEN
- STAKKATO- UND LEGATO-BEWEGUNGEN
- DAS ZENTRUM
- FRAGEN UND ANTWORTEN

DER SCHAUSPIELER DER ZUKUNFT

Wir alle wissen, wie das Theater jetzt ist, wir wissen, wie es war, und wir haben eine Vorstellung davon, wie es werden könnte oder sollte. Das derzeitige Publikum will beim Kauf seiner Eintrittskarte erfahren, wer das Stück geschrieben hat, welche Stars mitspielen, und vielleicht noch, wer Regie geführt hat, das ist es aber auch schon. Es gibt keine Schauspieler im Theater – Stars ja, aber keine Schauspieler. Stars sind einsame Wesen. Sie brauchen unsere Hilfe nicht – die Hilfe des Schauspielers. Sie wollen nicht gestört werden, und das ist ihr gutes Recht, weil sie keine Schauspieler sind und weil das Publikum noch nicht weiss, dass *der Schauspieler das Theater ist.*

Schauspieler als eine Gruppe, als ein Ensemble, sind das Theater, und deshalb wird das zukünftige Theater in erster Linie aus mehr oder weniger begabten Schauspielern bestehen, dazu kommen der Autor und der Regisseur. Wenn wir bestimmte Visionen von der Zukunft des Theaters besitzen, was natürlich der Fall ist, dann müssen wir uns meiner Meinung nach vor allem ausmalen, wie der Schauspieler sein wird.

Imaginieren wir kurz den Schauspieler der Zukunft. Ich denke, er muss andere Ohren, andere Augen, ein anderes Herz, einen anderen Willen, andere Gefühle haben, überhaupt völlig anders sein. Stellen wir uns die Frage, wie er Eindrücke aus seiner Umgebung verarbeitet. Er wird Dinge wahrnehmen, die über das Gewöhnliche hinausgehen, und er wird diese Dinge darstellen – nicht die offensichtlichen, nicht die Oberfläche, sondern etwas, das er jenseits der Oberfläche entdeckt.

KONZENTRATION

Dabei kann ihm etwas ganz Einfaches helfen – eine derartig weit entwickelte Wahrnehmungsfähigkeit, dass die Dinge ihm ihr Geheimnis, ihre verborgenen Seiten offenbaren. Wir wissen selbstverständlich, dass jeder von uns von Natur aus die Fähigkeit zur Konzentration besitzt. Sonst könnten wir schliesslich keine Strasse überqueren, keine Mahlzeit einnehmen oder niemanden begrüssen. Aber das reicht nicht für unseren imaginären zukünftigen Schauspieler. Er muss eine solche Konzentrationsfähigkeit haben, dass er Dinge tiefer durchdringen kann, als wir uns das im Moment vorzustellen vermögen.

Schauen wir uns an, wie sich das bewerkstelligen lässt. Konzentrieren wir uns auf diese drei Buchstaben [an der Tafel]. Zunächst müssen wir sie mit unseren Augen erblicken. Wenn es sich um ein Geräusch handeln würde, müssten wir es hören. Haben wir diese drei Buchstaben klar und deutlich gesehen und können sie für uns selbst beschreiben, müssen wir den nächsten Schritt machen und uns innerlich bewegen. Ich meine das auf psychologische Weise, indem wir uns diesen drei Buchstaben so nähern wie zum Beispiel einer geliebten Person. Was tun wir, wenn wir verliebt sind? Wir nähern uns dieser Person kontinuierlich Tag und Nacht. Dasselbe passiert bei einem Akt tatsächlicher Konzentration. Wir müssen uns auf das Ding, das wir mit unserer Konzentration durchdringen wollen, innerlich zubewegen. Probieren wir das mit diesen drei Buchstaben.

Haben wir es umgesetzt, erfolgt der nächste Schritt: Wir umfassen diese drei Buchstaben mit unseren unsichtbaren Händen – etwas, das wir uns ganz leicht vorstellen können. Wir nähern uns dem Ding, das wir sehen, wir umfassen es und wir halten es fest in unseren Armen und Händen. Tun wir das, erkennen wir, dass es zu einem Moment kommt, an dem das Ding in uns sein wird, in uns drin und wir selbst um das Ding herum. Wenn wir derart unsere Aufmerksamkeit darauf gerichtet halten und gut genug ausgebildet sind, entdecken wir gewisse verborgene Eigenschaften an dem Ding, auf das wir uns konzentrieren. Konzentrieren Sie sich zum Beispiel auf einen Tisch, versuchen Sie, sich ihm zu nähern, umfassen Sie ihn. Es wird ein Moment kommen, an dem Sie fühlen, wie schwer er ist, aus welchem Material er besteht, welche Form er hat, und das alles, obwohl Sie ihn gar nicht berühren. Das ist nicht deshalb so, weil Sie ihn sehen, sondern weil er *in* Ihnen ist und Sie in diesem Zusammenhang gleichsam «hellseherische» Fähigkeiten entwickeln.

Wird eine derartige Konzentrationsfähigkeit ausgebildet, erscheint dem zukünftigen Schauspieler seine gesamte Umgebung als eine völlig andere Welt. Menschen um uns herum teilen uns dann Sachen mit, die es wert sind, auf der Bühne dargestellt zu werden. Mit diesen Dingen müssen wir verschmelzen, ihnen unser eigenes Herz und unseren eigenen Willen verleihen und sie an das Publikum senden. Auf diese Weise werden unsere Figuren lebendige Wesen und keine blossen Schemen oder die toten, hohlen Körper, die wir so oft auf der Bühne sehen – wandelnde seltsam kostümierte und geschminkte Leichname. Der zukünftige Schauspieler, scheint mir, lebt nicht nur selbst auf der Bühne, sondern gibt seinen Figuren etwas Zusätzliches mit. Dadurch werden beide, die Figur und ihr Darsteller, zu einem einzigen Wesen mit einem gesteigerten Leben, einem Leben, das viel stärker ist als unser gewöhnliches. Diese hochentwickelte Konzentrationsfähigkeit kräftigt unser inneres Leben, und wir bekommen ein grösseres Herz.

ATMOSPHÄRE

Darüber hinaus hat der zukünftige Schauspieler die Fähigkeit, in der ihn umgebenden Atmosphäre zu leben. Sie wird aufgrund der Anwesenheit dieses neuen Schauspielertypus stärker sein, und er selbst wird inspiriert von der ihn umgebenden Atmosphäre. Natürlich wissen wir alle nur zu gut, was es heisst, Strassen entlang zu laufen und unterschiedliche Atmosphären zu erleben. Registrieren wir sie mehr oder weniger aufmerksam, erkennen wir, wie eine Strasse von einer bestimmten Atmosphäre geprägt ist, die nächste von einer völlig anderen, ein Haus eine gewisse Atmosphäre besitzt, das nächste eine ganz verschiedene und so weiter. Unser Problem besteht aber darin, dass wir ihnen nicht genug Aufmerksamkeit entgegenbringen. Wir gehen durch sie hindurch, ohne von ihnen beeinflusst zu werden.

Es existiert eine Technik, um Atmosphären einzufangen, sie auf der Bühne zu verbreiten und zu verwenden. Lassen Sie mich Ihnen das kurz zusammengefasst umreissen. Die Technik ist ganz einfach. Können wir uns diesen Raum voller Rauch vorstellen? Selbstverständlich. Können wir uns diesen Raum parfümgeschwängert vorstellen? Selbstverständlich. Hell erleuchtet? Selbstverständlich. In diesem Raum können wir uns um uns herum alles Mögliche vorstellen. Versuchen Sie sich vorzustellen, die Luft sei von Traurigkeit erfüllt. *Machen* Sie nichts, aber stellen Sie sich ganz objektiv vor, die Luft sei von Traurigkeit erfüllt. Da wir die tatsächliche Luft und den tatsächlichen Raum um uns herum auf diese imaginäre Weise verändert haben, beeinflussen sie uns wiederum sofort und unausweichlich selbst. Die vorgestellte Traurigkeit umgibt und inspiriert uns.

Schauspieler versuchen oft den gegenteiligen Vorgang, was ich für falsch halte, weil es schwerer fällt und zu weniger Erfolg führt. Sie wollen selbst traurig *werden*, diesen Zustand aus ihren eigenen Gefühlen herauspressen. Das fällt einem alles andere als leicht. Probieren Sie, traurig zu werden. Oft wissen wir nicht einmal, wo wir innerlich damit anfangen sollen. Natürlich gibt es immer Klischees – ich kann meine Stimme verstellen, tief durchatmen und mich irgendwo anlehnen, doch das ist eine Lüge. Aufgrund der zehn oder zwanzig Klischees, die wir in unserem Repertoire angesammelt haben, werden wir vielleicht tatsächlich traurig, aber das wäre ein Zufall. Um eine Technik zu erwerben, die den Namen verdient, müssen wir unsere Gefühle in Ruhe lassen – dürfen nicht daran rühren und sie nicht mit Gewalt aus uns heraus pressen.

Stellen Sie sich noch einmal die Luft um Sie herum als von Traurigkeit erfüllt vor, tun Sie das intensiv genug und werden Sie dabei innerlich und äusserlich frei – das ist alles ganz einfach zu erreichen – und schon *werden* Sie traurig. Nur nicht zu privat, das wäre falsch. Private Traurigkeit, Freude oder Angst sind auf der Bühne nicht sonderlich interessant. Wenn man als Person traurig ist – das können Sie im Theater sehr häufig sein und im Leben immer –, wenn man traurig ist und jemand anderem diesen Zustand zeigt, reagiert unser Gegenüber abwehrend und will die traurige Person loswerden, weil ihr Gefühl zu privat und zu «echt» wirkt.

In der Kunst müssen unsere Gefühle sozusagen objektiv sein und nie rein privat. Wenn wir uns die uns umgebende Luft mit verschiedenen Gefühlen angefüllt vorstellen, bleiben wir objektiv. Lassen wir uns von dieser imaginären Traurigkeit inspirieren, bleiben wir frei, da der Schauspieler nicht traurig *ist*, ganz im Gegenteil, er geniesst diesen Zustand der Traurigkeit, weil er ihn im besten Sinne *darstellt*. Er geniesst ihn und nimmt ihn objektiv wahr. Er suhlt sich nicht darin und wird nicht dessen Sklave. Er gestaltet diesen Zustand der Traurigkeit.

Weil wir aufgrund der Atmosphäre ein bestimmtes Gefühl haben, können wir sofort alles im Einklang mit ihr spielen, sprechen und tun. Handelt es sich um eine Atmosphäre der

Angst – ich habe die Luft mit Angst erfüllt –, muss ich mich auf eine Weise bewegen, die im Einklang mit dieser Angst steht, mehr ist gar nicht nötig. Ich muss im Einklang damit sein, ohne selbst Angst zu haben. Der zukünftige Schauspieler wird Atmosphären gestalten und deshalb nie zu seiner Figur *werden*, denn das wäre eine Form von Geistesgestörtheit. Natürlich sagen wir oft: «Heute Abend war ich Othello», doch das ist eine Lüge, sonst hätte ich hier schliesslich lauter Verrückte vor mir. Ich muss ein freier Mensch sein und meine *Darstellung* des Othello geniessen. Diesem imaginären Othello habe ich meine Stimme geliehen, meinen Körper, mein Alles, und ich meistere, beherrsche und lenke meinen Othello. Alles, was ich dabei tue und fühle, geschieht ohne jegliches Forcieren meiner Emotionen.

IMAGINATION – DAS BILD

Darüber hinaus kann und muss der zukünftige Schauspieler die Fähigkeit entwickeln, sich etwas derart intensiv vorzustellen, dass seine Bilder für ihn genauso konkret werden wie tatsächliche Gegenstände um ihn herum – erneut aber nicht in dem Sinne, dass er verrückt wird. Nein, die Imagination kann sehr stark sein und ich dabei trotzdem frei bleiben, weil es sich um meine Imagination handelt und nicht um mich selbst. Die gewöhnliche Imagination lässt sich folgendermassen definieren: Nehmen wir an, der Schauspieler will sich eine seltsame schwarz gekleidete Figur vorstellen. Vor seinem geistigen Auge kann er die Figur in schwarz praktisch gleich sehen, jeder auf seine Weise, und sehr häufig bleibt es dabei. Wir sehen die Figur in schwarz oder wir sehen Cordelia, Ophelia, Hamlet, Horatio bzw. irgendeine andere Figur – wir sehen sie, und das ist alles.

Wir sollten jedoch einen weiteren Schritt machen. Genauso wie wir uns dem Ding nähern müssen, auf das wir uns konzentrieren wollen, müssen wir uns auch innerlich auf diese Figur in schwarz zubewegen, ihr näher und näher kommen, sie mit unseren unsichtbaren Händen umfassen. Ist das der Fall, entdecken wir – genau wie bei dem Objekt, auf das wir uns konzentrierten – an dieser Figur in schwarz ihren Charakter, ihr Innenleben, ihre Gefühle, Gedanken, Willensimpulse, alles an ihr. Und obwohl diese Figur in schwarz lediglich in unserer Vorstellung existiert, ist sie ein lebendiges Wesen von dem Moment an, an dem wir wirklich mit ihr verschmelzen. Wir wissen, um wen es sich handelt, was diese Figur in schwarz tun wird und was sie getan hat, wie sie denkt, was sie fühlt und was sie sich ersehnt.

Dieses Bild erwacht in dem Ausmass, wie wir es mit Leben erfüllen, ganz gleich, ob es sich um unsere eigene Erfindung oder um Shakespeares Othello handelt, da besteht kein Unterschied. Leihen wir der imaginären Figur unser Leben, werden wir von ihr genauso beeinflusst wie von den Atmosphären und allem Übrigen, das uns im Alltag umgibt; vorausgesetzt wir besitzen die Fähigkeit, mit unserer hochentwickelten Konzentration alles um uns herum zu durchdringen. Das ist unsere Aufgabe. Sobald wir von unserem Bild beeinflusst sind, können wir es darstellen und diesem Bild unseren Körper leihen, unsere Stimme, unser Gefühlsleben – alles steht dem Bild zur Verfügung.

Halten Sie sich Michelangelos Moses-Statue in Rom vor Augen. Versuchen Sie sich vorzustellen, wie Michelangelo selbst sich diese Figur vorstellte, und Sie erhalten ein klares Bild von seiner gewaltigen künstlerischen Fantasie. Um diese gewellten Haare und den Faltenwurf über der Schulter der Figur, diese Augen und diese Nase zu gestalten – ganz offensichtlich muss

Michelangelo sich völlig in diesen Moses hineinversetzt haben, bevor er anfing, die Figur zu formen. Wenn wir probieren, etwas ähnlich Grossartiges wie diesen Moses zu durchdringen, erhalten wir eine Ahnung davon, wie gross die Imagination sein kann. Dabei hilft es auch zu versuchen, Michelangelos Prozess der Vorstellung nachzuvollziehen.

DAS INNERE LEBEN DER FIGUR

Haben wir das geschafft, können wir Folgendes tun: Nehmen wir König Lear, wie er auf der Heide ruft: «Blast, Wind ...» Stellen wir ihn uns auf der Heide vor und lassen ihn vor unserem geistigen Auge agieren. Dabei müssen wir uns innerlich auf ihn zubewegen, ihn umfassen, während er spielt, und *bei ihm sein,* bis der Funke von Lears Darstellung auf uns selbst überspringt. Dann besitzen wir wahre Imagination. Wir dürfen nicht stehenbleiben, bevor wir die Schwelle zur tatsächlichen Imagination erreichen, die in der Durchdringung des inneren Lebens der Figur besteht. Äusserlich zu sehen, wie sich Lear auf der Heide bewegt – wenn Sie Regisseur sind, fällt Ihnen das ganz leicht –, genügt nicht. Dieser äusserliche Blick ist einfach, aber noch nicht die Imagination. Die wahre Imagination fängt erst an, wenn wir «hellseherisch» werden und beginnen, Lears Gefühle zu «sehen», seinen Willen, seine Gedanken, alles an ihm.

DIE UNABHÄNGIGE EXISTENZ DER FIGUR

Ich komme jetzt zur dritten Stufe der Imagination, und Sie werden bemerken, wie diese von selbst eintritt. Sie ist das Ergebnis der beiden vorherigen Stufen – äusserlich zu sehen und das Innenleben der Figur zu erkennen. Die dritte Stufe besteht darin, dass die Figur kommt und da ist. Sie sehen die Figur mit offenen Augen – nicht mit Ihren tatsächlichen Sehorganen –, Sie brauchen auch nicht die Augen zu schliessen und sich zu sagen: «Bitte nicht stören, ich stelle mir etwas vor.» Nein, alles ist dann genauso wie im tatsächlichen Leben. Sie sprechen mit jemandem oder Sie lesen ein Buch, und doch sind Lear oder Horatio da. Sie studieren ihn, nicht wie ein Verrückter, sondern auf völlig freie und normale Weise, und Horatio ist da. Sie erblicken ihn und schauen in ihn hinein, Sie hören seine Stimme, sehen ihn agieren, Gefühle ausstrahlen, Willensimpulse und vieles Weitere. Sie sehen die Farbe seiner Haut und alles Übrige an ihm.

Nach einem solchen Besuch werden Sie sich ein wenig müde fühlen, weil dieses Bild Ihr Leben lebt; Sie verleihen ihm dieses Leben. Doch diese Müdigkeit ist nur gut und gesund. Wenn die Figur Sie wieder verlassen hat, stellen Sie fest, dass Sie sie ohne jedes Klischee darstellen können, ohne irgendetwas zu stemmen und ohne emotionales Forcieren. Das klappt erfreulich gut, weil das ideale zukünftige Theater, wie ich es mir ausmale, ein ganz leichter Job ist, nicht was man heute unter einem ganz leichten Job versteht, sondern ein mit einem sehr hohen Anspruch verbundener. Leicht bleibt er deshalb, weil wir als geborene Schauspieler nichts anderes wollen, als zu spielen, und wenn man das macht, was einem Spass bereitet, fällt es einem immer auch leicht. Was wir darüber hinaus benötigen, ist eine Technik – nicht nur eine körperliche, physische Technik, sondern eine psychologische Technik –, die es uns ermöglicht, zu erkennen, was wir wollen, und die so tief gehen muss, dass wir den Raum um uns herum psychologisch verändern können, ohne jede besondere, unangenehme Anstrengung.

DIE VERKÖRPERUNG DER FIGUR

Haben wir eine derartige Imagination entwickelt, dass die Figuren um uns herum zu leben beginnen, besteht der nächste Schritt darin, sich dieser Figur anzupassen, die ihr Leben von uns erhalten hat. Wir passen unseren tatsächlichen Körper ihrem imaginären Körper an. Natürlich ist Horatio nicht wie ich, sonst wäre er ja wie ich in allen meinen Figuren und Rollen. Wir brauchen also auch Körpertraining. Es gibt jedoch noch ein weiteres Mittel, das äussere Erscheinungsbild der Figur unserem Körper anzupassen.

Setzen wir voraus, wir haben unseren Körper so trainiert, dass er flexibel genug ist. Dann müssen wir unsere Figur betrachten und sie einen Satz sprechen und eine Bewegung ausführen lassen. Nehmen wir zum Beispiel die «Blast, Wind' …»-Szene. Spielen Sie den Moment in Ihrer Vorstellung so oft durch, bis Sie damit zufrieden sind – Sie lieben jetzt Ihre eigene imaginäre Inszenierung, sie befriedigt Sie.

Als Nächstes *versuchen Sie, Ihr Bild nachzuahmen*. Versuchen Sie ganz vorsichtig, sich nach und nach so wie die Figur zu bewegen, aber nehmen Sie dafür keine zu lange Passage. Wählen Sie einen Moment, vielleicht auch nur ein einziges Wort, und ahmen Sie ihn/es nach. Halten Sie das durch, solange Sie das Gefühl haben, dass Ihr Körper der Figur dienen kann, genauso wie Sie sich die Figur vorstellen – nicht allgemein. Wann wäre König Lear schliesslich allgemein? Sie brauchen lediglich den «Blast, Wind' …»-Moment zu nehmen, stellen ihn sich vor und verkörpern ihn einige Male. Dann gelangen Sie zu einem Augenblick, an dem es Ihnen angenehm vorkommt, Ihrer eigenen Imagination zu dienen.

Nachdem Sie verschiedene König-Lear-Momente ausgewählt haben – und es sollten immer starke Momente sein –, werden Sie plötzlich einen Augenblick erleben, an dem Sie keine separaten Momente mehr zu verkörpern brauchen, weil die Figur, als ein lebendiges Wesen, von sich aus alles völlig wahrhaftig und organisch ausführt. Unsere Imagination ist jetzt genügend entwickelt – Ihr Gefühl sagt Ihnen: «Ich bin so weit.» Vielleicht haben Sie zwanzig oder dreissig separate Momente durchgespielt, sie zu verkörpern versucht, und Ihr veränderter Körper ist schliesslich bereit – bereit für die ganze Figur.

Das ist ein interessanter Vorgang, der belegt, wie wenig wir mit blossem Bewusstsein erreichen können. Wir wissen nur zu gut, dass der gesamte kreative Prozess in unserem Unterbewussten abläuft. Das ist inzwischen zum Gemeinplatz geworden, man muss es aber dennoch betonen. Es genügt, eine Botschaft nach der anderen an unser Unbewusstes zu senden und es damit zu füttern. Es ist, als schickten wir ihm eine Reihe von Telegrammen. Unser Unterbewusstes macht den Rest der Arbeit von alleine. Wenn wir das Gefühl haben, wir seien fertig, nachdem wir zwanzig oder dreissig separate Momente ausführten, bedeutet das: Unser Unterbewusstes hat unseren Körper so vorbereitet, dass wir die ganze Rolle proben können.

DER IMAGINÄRE KÖRPER DER FIGUR

Es gibt ein weiteres Mittel, unseren Körper an unsere imaginären Figuren anzupassen. Sagen wir, wir spielen Don Quichotte, also eine sehr gross gewachsene, dünne Person. Sind wir selbst nicht so lang und mager wie er, gibt es einen psychologischen und physischen «Trick», wenn Sie mir das Wort gestatten. Da ist Don Quichotte, und hier sind wir. Stellen wir uns vor, wir hätten einen anderen Körper und seien gross und dünn. Das können wir uns genauso leicht vorstellen wie die von Traurigkeit erfüllte Luft oder König Lear auf der Heide. Wir können uns ausmalen, wir seien viel grösser – nicht Ihr tatsächlicher Körper, den Sie logischerweise nicht zu verändern vermögen, sondern Ihr *imaginärer Körper.* Bewegen Sie Ihren imaginären Arm und Ihre imaginäre Hand, die lang und dünn ist. Wiederholen Sie das mehrfach. Wenn Sie das leicht und locker hinkriegen, können Sie Ihre tatsächliche Hand wie in einen Handschuh stecken, und sie wird sich verändert haben. Sie gestalten nämlich mit dieser Hand, imaginieren sie, spielen damit. Sie spielen auf angenehme Weise mit dieser imaginären, gross gewachsenen Figur. Wie würden Sie mit einem imaginären hochaufgeschossenen Körper laufen? Spielen Sie es durch, und Sie stellen fest, wie anders sich Ihre Gelenke wegen dieses imaginären Körpers bewegen. Versuchen Sie dagegen, nur mittels Ihres tatsächlichen Körpers grösser zu erscheinen, geraten Sie in Schwierigkeiten und sind gezwungen zu lügen.

Es gibt keine körperlichen Mittel, um Ihnen zu helfen, aber der imaginäre Körper kann alles. Wenn wir ihn unserem tatsächlichen Körper wie einen Handschuh überziehen, können wir diesen imaginären Körper nachahmen und ihm folgen. Als erstes fühlen wir, dass das ein sehr angenehmer Vorgang ist, zweitens, dass es sich um Kunst handelt, und drittens erfahren wir über die *Psychologie* einer solchen gross gewachsenen Figur weit mehr als beim Versuch, unseren tatsächlichen Körper so weit wie möglich zu strecken. Oder wir nehmen einen fetten Mann. Wiederum gibt es da einige Klischees, die alle Lügen sind. Doch wir können uns einen anderen Körper vorstellen: fast ohne Hals, mit Wampe und dicken Armen und Händen. Lassen Sie diese imaginäre Figur sich bewegen, und Sie werden registrieren, wie sich alles in Ihrem Körper verändert, weil die *Psychologie* eines fetten Mannes am Werk ist und nicht Ihr eigener Körper unter dem Zwang, fett zu erscheinen.

DIE PSYCHOLOGIE DER FIGUR VERSTEHEN

Der «Trick» mit dem imaginären Körper führt uns zur Fähigkeit – und darin liegt der Trick –, die Psychologie der Figur mit diesem imaginären Körper zu kennen. Versuchen wir, körperlich fett zu erscheinen, erfahren wir gar nichts, werden nur müde und schämen uns ein wenig. Versuchen wir jedoch, unseren tatsächlichen Körper in diesen imaginären zu versetzen, verstehen wir, wie diese fette Person fühlt, denkt usw. Warum zum Beispiel erscheint es komisch, wenn die fette Person sagt: «Ich renne los und hole es»? Es ist nur deshalb komisch, weil wir in der Lage sind, *ihre* Imagination zu durchdringen und *ihre* Vorstellung davon, wie sie rennen wird.

Die Fähigkeit, die Psychologie einer Figur mit einem anderen Körper als unserem eigenen zu kennen, ist auch eine der Quellen für Komik auf der Bühne. Die echte Komik beruht auf der Fertigkeit, alle diese psychologischen «Wege» der anderen Person mitzugehen. Beispielsweise beim Clown. Ein guter Clown ist komisch, weil er «logisch» den Weg einer Person mitgeht, die erschossen wird und sich auch noch dafür bedankt. Das kann man psychologisch glaubwürdig darstellen, handelt es sich jedoch um eine Lüge, wirkt es absolut fürchterlich. Grock [Schweizer Clown, 1880–1959; Anm. der Hg.] ist ein Genie und weiss, wie er diese Wege begehen muss. Erinnern Sie sich daran, wie er die Blumen wirft, vergisst und sie nach vielen anderen Tricks wieder aufhebt. Aber man muss ein Genie wie Grock sein, um diese psychologischen Wege begehen zu können. Es ist nämlich «logisch» wahr, was er tut, so unmöglich das auch erscheinen mag.

Genauso haben jede Form von Psychologie und jede einzelne Figur innerlich ihre eigenen Wege und Korridore, und wenn wir einen fetten oder dünnen Körper wirklich erleben, kennen wir sofort die Psychologie der Figur. Versuchen wir jedoch, unseren eigenen Körper zu zwingen, dünn oder fett oder unbeholfen zu erscheinen, verfehlen wir nicht nur die Psychologie der Figur komplett, wir vergessen dabei sogar unsere eigene. Es gibt dann gar keine Psychologie mehr sowie eine Bühne voller Klischees und darstellerischer Totgeburten.

DEN KÖRPER DES SCHAUSPIELERS AUSBILDEN

Ich bemühe mich, Ihnen so viele praktische Dinge wie möglich zu vermitteln, deshalb springe ich von einem Thema zum anderen. Bestimmte körperliche Übungen müssen allein schon deshalb ausgeführt werden, weil unsere Körper unsere grossen Feinde sind. Sie wollen sich eigentlich nur ausruhen. Jeder Muskel und jedes Gelenk rät uns dazu, möglichst bald einzuschlafen. Es ist ein grosses Unglück für uns, derart schläfrige und faule Körper zu haben. Wir müssen sie in die Gänge kriegen und wachrütteln, indem wir bestimmte Übungen machen, die unseren ganzen Körper trainieren. Die Übungen sind sehr einfach, und wenn wir sie regelmässig und geduldig wiederholen, erhalten wir grossartige Ergebnisse.

FORMEN – FLIESSEN – FLIEGEN – AUSSTRAHLEN

Wir führen jeden Tag eine ganze Reihe von Bewegungen aus, ohne sonderlich darauf zu achten. Um uns zu trainieren, müssen wir jedoch ein Bewusstsein dafür entwickeln. Nehmen wir zum Beispiel eine völlig alltägliche Bewegungsweise – *formende Bewegungen*. Führen Sie eine kreisförmige Bewegung aus, so als formten Sie die Luft und müssten dabei einen gewissen Widerstand überwinden. Haben Sie das richtig gemacht, bekommen Sie ein Gefühl gesteigerter Kraft, zuerst in dem Körperteil, den Sie bewegen, und danach im ganzen Körper.

Schliesslich sollten Sie sich jünger und stärker fühlen, und wenn Sie ein Schauspieler sind, werden Sie spielen wollen.

Als Nächstes führen wir eine weitere Bewegungsweise aus – *fliessende Bewegungen*. Machen Sie sich überhaupt keine Gedanken darüber, wie Sie dabei aussehen. Daran dürfen wir bei diesen Übungen nicht denken. Versuchen Sie, durchgehende, fliessende Bewegungen auszuführen, die von nichts behindert werden. Natürlich wird Sie der Wunsch zu schlafen überkommen, machen Sie jedoch kontinuierlich weiter. Setzen Sie dazu Ihren ganzen Körper ein – jede Bewegung wird passend sein. Wenn Sie diese fliessende Bewegung richtig und lange genug ausführen, entsteht bei Ihnen das Gefühl, dass Sie sich psychologisch wärmer fühlen, dass Sie ausstrahlen und Ihre Wärme an das Publikum weitergeben wollen. Sie möchten mit Ihrem *Herzen* spielen. Wenn Sie formende Bewegungen ausführen, wollen Sie mit ihrem *Willen* handeln. In den fliessenden Bewegungen jedoch möchten Sie mit Ihrem Herzen spielen.

Die dritte Bewegungsweise sind *fliegende Bewegungen*. Wenn wir auf psychologische Art fliegen – wir brauchen dabei nicht den Eindruck eines fliegenden Lebewesens zu erwecken –, ist es wichtig, dass wir beim Ausführen dieser Bewegungen das *Gefühl* haben zu fliegen. Diese fliegenden Bewegungen vermitteln uns den Eindruck, wir seien glücklich und zufrieden. Sind wir tatsächlich derart von fröhlichen Gefühlen erfüllt, setzt wiederum der Wunsch ein, zu spielen und diese Fröhlichkeit an das Publikum weiterzugeben. Gleichzeitig wird unser Körper automatisch beweglicher, was Schauspielern zugutekommt. Ein Jongleur, der seinen ganzen Körper bei seiner Tätigkeit benutzt, benötigt dafür andere Übungen, aber für uns als Schauspieler sind die beschriebenen die wichtigsten, weil sie unsere Muskeln und unseren ganzen Körper über die Psychologie trainieren. Fliegen zu können ist eine psychologische Tatsache, genauso wie die Fertigkeit, kräftig zu formen oder zu fliessen, psychologische Tatsachen sind.

Die letzte Bewegungsweise ist eine *ausstrahlende Bewegung.* Strecken Sie Ihren Arm aus oder spreizen Sie Ihre Hand und strahlen Sie aus – einfach ohne jedes Zögern ausstrahlen. Sie werden bemerken, wie leicht Ihnen das fällt. Wir können sogar ohne jede Bewegung ausstrahlen. Strahlen Sie aus, so dass Sie das Gefühl haben, Raum einzunehmen. Strahlen Sie in Richtung der Sterne aus. Wenn es der Schauspieler auf der Bühne versteht auszustrahlen, wird ihm das auch das Publikum abnehmen.

Diese vier Bewegungsweisen – *formen*, *fliessen*, *fliegen* und *ausstrahlen* – sind so angelegt, dass Sie beim Trainieren erfahren, wie alle vier Ihrem Körper ermöglichen, Ihre eigene Imagination zu imitieren und zu verkörpern. Wenn wir König Lear auf der Heide rennen sehen und unser Körper wach ist und in der Lage, diesen vier psychologischen Bewegungen zu gehorchen, können wir Lear folgen. Und wir sind fähig, an ihm noch viele weitere Dinge wahrzunehmen. Denn ein auf diese Weise trainierter Körper fängt an, zu denken und Sachen zu verstehen. Ausreichend beweglich wird der Körper zu einem Verständnisorgan. Stürzt Lear zu Boden, kann ich das in meiner Vorstellung mittels meines eigenen Körpers nachvollziehen. Er vollzieht es exakt nach – dafür genügt bereits der Impuls dazu. Mein Körper entdeckt die Psychologie Lears. Unsere Körper werden unsere Gehirne, die alles zu hören, zu sehen, zu fühlen und zu tun vermögen.

Haben wir unseren Körper mittels dieser Übungen trainiert, können wir Folgendes versuchen: Wir lesen die Rolle unserer Wahl – nehmen wir wiederum König Lear –, und wir werden dabei Dinge hören und sehen, die uns unser Körper zu hören und zu sehen gestattet. «Blast, Wind', und sprengt die Backen! Wütet! Blast!» Wenn Sie sich diese Szene vorstellen, erkennen

Sie, dass Lear in diesem Moment voller Willenskraft ist. Diese Wahrnehmung ermöglicht uns unser Körper als Verständnisorgan, das die Psychologie der Figur durchdringt.

Natürlich gibt es viele Erklärungen dafür – mehr oder weniger auf psychologischer Analyse beruhende Erklärungen –, warum Lear zu diesem Zeitpunkt so voller Willenskraft ist. Er will nämlich etwas loswerden … sich verwandeln in … – doch das braucht uns jetzt nicht zu interessieren. *Wie Sie selbst es sehen*, das ist unsere Verständnismethode. «Ihr Katarakt' und Wolkenbrüche …» – folgen Sie Ihrer Imagination, erkennen Sie, dass Lear selbst wie Wasser wird – fliessende Bewegungen – und Sie werden diese Worte anders aussprechen und dabei anders spielen. Selbstverständlich kommen da noch andere Dinge als der Wille hinzu. «Ihr schweflichten, gedankenschnellen Blitze» – das können ausstrahlende Bewegungen sein, wir strahlen dabei mit unseren Körpern aus. «Donnerkeil, der Eichen spaltet» – unser Körper weiss Bescheid, Blitze überall. Eine weitere Stelle lautet: «Du Donner schmetternd, / Schlag' flach das mächt'ge Rund der Welt …» [*König Lear*, aus: 3. Aufzug, 2. Szene, Übersetzung: Wolf Heinrich Graf Baudissin; Anm. d. Hg.] Das erfordert erneut eine formende Bewegungsqualität.

Auf diese Weise können wir mittels unserer trainierten Körper die Figur in unserer Imagination anders sehen, als das ohne einen Körper, der zu unserem Gehirn geworden ist, möglich wäre.

STAKKATO- UND LEGATO-BEWEGUNGEN

Es gibt noch eine weitere sinnvoll zu trainierende Art der Bewegung. Dabei handelt es sich um zwei extreme Möglichkeiten, die der Körper produzieren kann. Die eine ist das sehr heftige und scharfe *Stakkato* – strecken Sie ihren Arm vehement aus und unterbrechen Sie dann abrupt die Bewegung. Sie müssen sie komplett *einfrieren* können. Dadurch fängt unser Körper an, sich anders zu bewegen. Die körperliche Fertigkeit ist gar nicht so wichtig, aber psychologisch müssen wir unbedingt in die Lage kommen, zu Stein zu werden oder wie tot. Dadurch erwachen in unserem Körper bestimmte Dinge wieder zum Leben. Er wird beweglicher, und wir können ihn besser kontrollieren als zuvor. Und drittens entsteht so ein weiteres kleines «Auge», das unserem Körper dabei hilft, sich vorzustellen und zu verstehen, was die Figur tut. Unser Körper *ahmt durchgehend unsere Bilder nach*, und mittels dieses Prozesses der Nachahmung verstehen wir *das Innenleben der Figur*.

Die zweite Art der Bewegung bildet das völlige Gegenteil der ersten – eine *Legato*- oder gebundene Bewegung. Dabei verändert sich die Psychologie, weil unser ganzer Körper in Bewegung gerät und nichts an ihm statisch bleibt. Alle unsere alltäglichen Bewegungen liegen zwischen diesen beiden Polen, aber wir achten weder auf sie, noch trainieren wir sie. Deshalb sind sie nicht stark genug entwickelt, um zu einem inneren «Auge» werden zu können.

DAS ZENTRUM

Kehren wir zurück zum imaginären Körper, zum Beispiel dem Don Quichottes. Ist unser Körper beweglich genug geworden und kann sich *in* diesem imaginären Körper fortbewegen, gibt es noch etwas. Wir können uns mitten in unserem Brustkorb ein imaginäres Zentrum vorstellen. Von diesem Zentrum hängt unser ganzer Körper, unser tatsächlicher Körper, genauso ab wie der imaginäre Körper der Figur. Wenn wir im Alltag laufen, vermögen wir uns vorzustellen, dass wir uns vorwärts bewegen, weil dieses imaginäre Zentrum, das unseren ganzen Körper in Einklang hält, es tut und wir ihm folgen. Wir bewegen uns mit mehr innerer Energie und Ausdruckskraft, weil etwas in uns bei der Überwindung der eigenen Trägheit hilft. Wir schleppen unseren Körper nicht nur aus schlechter Gewohnheit müde durch die Gegend. Solche Nachlässigkeiten dürfen wir gar nicht erst einreissen lassen.

Wir müssen uns immer sagen, wir hätten einen perfekten Körper. Innerlich ist das auch der Fall, wenn wir uns den imaginären Körper richtig ausmalen. Das stellt die Hauptsache im Zusammenhang mit dem Zentrum dar. Es ist das ideale Zentrum eines idealen Körpers. Wenn das Zentrum sich auf bestimmte Weise bewegt, muss ich mich selbst schön, kräftig und selbstbewusst vorwärts bewegen, wie auch immer ich von der Natur ausgestattet wurde. Oder ich folge der Einladung meines Zentrums, mich zu setzen, aufzustehen usw. Das macht mich fitter, und ich habe schliesslich einen Körper, der sich perfekt verwandeln kann, weil ein Körper mit strahlendem Zentrum einfach gesund, fit und schön ist. Psychologisch gesprochen fällt es daher jemandem mit einem solchen Zentrum leicht, eine gesunde, fitte und schöne Person zu werden. Das liegt am Zentrum und an den Anregungen des imaginären Körpers.

Das Zentrum kann alles machen und uns auf jede erdenkliche Weise inspirieren. Stellen Sie sich vor, Sie laufen, geführt von diesem Zentrum, auf Ihre gewöhnliche Art. Und stellen Sie sich jetzt vor, das Zentrum sei verrutscht – sofort haben Sie einen anderen Körper und eine andere Psychologie. Nehmen wir an, das imaginäre Zentrum verlagerte sich nach unten. Das hat natürlich psychologische Auswirkungen. Wie Sie vielleicht bemerkt haben, beeinflussen uns all diese äusserlichen Dinge stark, deren Ausführung sich so leicht vorstellen lässt.

Und zwar viel stärker, als wenn wir beispielsweise versuchen, fröhlich oder traurig zu werden. Auf diesem imaginären Weg motivieren wir unsere Gefühle. Wir erwecken sie zum Leben, und sie reagieren auf all diese Einladungen. Das tun sie umso erfreuter, weil sie nicht gezwungen werden. Verschieben wir jetzt das Zentrum nach oberhalb unseres Kopfes. Wiederum eine völlig andere Psychologie und Bewegungsweise. Die Psychologie verändert sich komplett. Das Zentrum kann etwas ganz Kleines sein und sich hier oder dort befinden. Wir können es oberhalb unserer Schulter platzieren, und schon wird es misstrauisch. Und so weiter. Dieses Zentrum ist schlicht die Essenz der ganzen Angelegenheit, und es hilft uns, die Figur viel schneller zu finden.

FRAGEN UND ANTWORTEN

Sie hatten angekündigt, Ihre Einschätzung des zukünftigen Theaters zu geben. Wie stellen Sie sich dabei die ideale Schauspielkunst vor? Was würden Sie in der Zukunft gerne sehen? Welche Art der Schauspielerei? Und wie möchten Sie dieses Theater der Zukunft erreichen?

Ich habe in meinem Vortrag versucht, dieses Thema anzuschneiden, aber es fällt mir schwer, mich angemessen auszudrücken. Kurz gesagt stelle ich mir vor, dass der zukünftige Schauspieler jemand sein muss, der alles spielen kann, was man ihm gibt – ein völlig naturalistisches Stück genauso wie eine absolut hehre Tragödie, einen Clown oder was auch immer, wobei die Hauptsache darin besteht, *wie* er spielt. Der Schauspieler, der sich so ausbildet, wie ich es heute umrissen habe, wird sich erst einmal selbst als menschliches Wesen entdecken, als jemand mit enormer Willenskraft, einem sehr grossen Herzen und einer geradezu mit Händen zu greifenden Imagination. Ein Darsteller dieser Art kann Antworten auf heutige Probleme finden, genauso wie für die jeder anderen Zeit, in der er lebt. Das gelingt ihm nicht nur mittels eines guten Stücks oder der Arbeit eines intelligenten Autors. Nein, er entdeckt diese Antworten selbst, indem er sich auf eine Weise preisgibt, dass Höflichkeit und Scham keine Rolle mehr spielen. Wenn das Theater eine ernsthafte Angelegenheit ist, und das kann und muss es sein, darf der Schauspieler nicht auf der Bühne erscheinen, ohne sich komplett preiszugeben und seine Individualität zu zeigen, sein wahres Herz, seinen tatsächlichen Willen. Es gibt schliesslich nichts Interessanteres, Hilfreicheres und sogar Erschreckenderes, als eine Person so zu sehen, wie sie wirklich ist. Nicht, wie sie lächelt und «Guten Tag» sagt, sondern wie sie in ihrem Inneren ist.

Das Theater entstand, wie wir alle wissen, aus tiefen Quellen, es beruht auf Mysterien, und die Menschen, die Schauspieler wurden, waren verbunden mit vielen geheimnisvollen Dingen um sie herum in ihrer näheren und weiteren Umgebung, in anderen Leuten, ihrer eigenen Lebensweise. Sie waren verbunden mit geschichtlichen Ereignissen, mit Dingen, die die Menschen des Altertums als bedeutsam erachteten, indem sie zum Beispiel jemanden erblickten und sofort sein Schicksal sehen konnten. Sie erkannten das tragische oder glückliche Schicksal dieser Person, weil sie ein Gespür für solche Dinge besassen, Einsicht in sie, und sich nicht selbst egoistisch abschotteten. Wenn man sich abschottet, läuft man völlig egoistisch durchs Leben, da man immer nur nimmt und nie etwas gibt. Auf der Bühne müssen wir uns selbst anbieten. Wer eine Rolle wie Othello spielt, muss sich dabei völlig hingeben. Diese Art der Schauspielerei sollte natürlich neue Dramatiker hervorbringen. Sie werden nicht mehr so grobschlächtig und oberflächlich sein. Das Schicksal einer Person, ihr Unglück, ihr Glück, ihre Sünden, ihre religiösen Gefühle, alles an ihr wird man in Betracht ziehen.

Stellen Sie sich vor, wir seien derart abgeschottet und so schlecht darauf vorbereitet, Leute zu treffen, die aus einem derzeit besetzten Land kommen, sich eine Karte kaufen und bei uns im Theater sitzen. Was glauben Sie, wie die sich fühlen würden? Können wir vor ihnen die Dinge aufführen, die wir jetzt der Öffentlichkeit anbieten? Wir holen eine Zigarette hervor, rauchen sie und lehnen uns gegen irgendetwas – eine solche Schauspielerei dürfte diese Menschen nicht interessieren. Sie haben erlebt, wie ihre Eltern, ihre Bräute, ihre Freunde und ihre Kinder vernichtet wurden – sie wissen oft nicht einmal, wo sie sind –, sie bluteten und sie bluten immer noch – sie weinen stumm in sich hinein um Hilfe, die ihnen niemand geben kann. Sie machen derzeit so viel in ihrem Leben durch, dass ich als Bühnenschauspieler wohl gar nicht vor ihnen aufzutreten vermöchte. Wenn ich mit meinen Freunden die Strasse entlang gehe, habe ich kein Bajonett dabei – da sind zwei Gesichter, und eines verschwindet plötzlich. Jemand blutet. Das ist eine Erfahrung, in der lange Jahre Leben in einen einzigen Moment komprimiert erscheinen.

Meinen Sie nicht, das sei die Antwort auf die Frage, welche Stücke wir von unseren Dramatikern erwarten sollen, und wie wir als Darsteller spielen müssen? Sie können solchen Leuten nicht mit einem Lächeln im Gesicht entgegentreten und fragen: «Hallo, wie geht es Ihnen?» Das ist unmöglich. Sie würden sich bloss schämen, und wir uns selbst auch. Eine Mauer stünde zwischen uns. Es muss uns selbst das Herz zerreissen, und wenn ich für diese Menschen spielen würde, müsste ich das mit ganzem Herzen tun und unter Einsatz all meines Willens. Ich brauche eine andere psychologische Technik – ich muss enorm ausstrahlen und mit gewaltiger Kraft Dinge in mir selbst formen.

Der zukünftige Schauspieler muss jemand sein, der sich von allen anderen unterscheidet. Das liegt am Krieg und daran, dass er Leuten gegenübertritt, die ein solches Leben durchmachen, tatsächlich durchmachen, eine derartige Schule des Lebens, dass sie andere Ohren haben werden, andere Augen, andere Fragen. Wir müssen sie zufriedenstellen, indem wir unsere eigene Natur neu erschaffen, und zuallererst müssen wir, wenn wir die Bezeichnung Schauspieler verdienen wollen, psychologische Ausdrucksmittel finden, die unsere tiefsten Gefühle und Gedanken, unsere Herzen und unseren Willen zum Ausdruck bringen.

Sie haben sehr viele Schauspieler ausgebildet. Was fehlt uns Ihrer Meinung nach am meisten?

Unsere Fertigkeiten haben noch nicht die Schwelle überschritten, jenseits derer der Schauspieler zu einem Zauberer wird. Jeder muss für sich selbst die Dinge herauspicken, die er zu brauchen glaubt. Es ist zwar wichtig, eine Methode zu besitzen und sie individuell und nicht pedantisch anzuwenden, aber darüber hinaus muss jeder für sich selbst bestimmte Dinge auswählen. Es gibt allgemeine Sachen, die trainiert werden müssen. Zum Beispiel die *Konzentration*. Das mag langweilig sein, sonst kommt man jedoch nicht sehr viel weiter und bleibt irgendwie innerlich blind. Die *Imagination* ist genauso wichtig, ausserdem das *Körpertraining*, sofern es richtig ausgeführt wird.

Mir erscheinen alle vier Übungen sehr spezifisch ... Was ich gerne wissen möchte, ist, wie ich diese bestimmte Emotion in einer be-

stimmten Szene einsetzen kann. Welche Schritte muss ich machen, um zwei unterschiedliche Konzentrationsebenen zu erreichen?

Unsere Arbeit als Schauspieler besteht darin, dass wir unsere Gefühle zum Leben erwecken, ohne dabei an eine bestimmte Rolle zu denken. Wir müssen einfach unser Unterbewusstes bereichern, um fähig zu sein auszustrahlen, das genügt schon, denn dadurch finden Sie intuitiv heraus, wie und mit welchen Mitteln Sie an Ihre Gefühle herankommen, an Ihren Willen und an alles Übrige. Bewusst können wir unseren kreativen Prozess nur bis zu einem bestimmten Grad beeinflussen – gewisse Grenzen sollten wir dabei nicht überschreiten, sonst vertrocknen wir intellektuell, und es beeinträchtigt unsere unbewussten Fähigkeiten.

Der erste Schritt besteht darin, Dinge in uns zu trainieren, zu entwickeln und zum Leben zu erwecken. Wenn Sie das Gefühl haben, dass Sie ausstrahlen können und andere Sachen dieser Art beherrschen, tatsächlich beherrschen, stellen sie sich zum richtigen Zeitpunkt von selbst ein, und das ist viel wert. Um Ihre Frage zu beantworten, wie wir bestimmte Gefühle aufrufen können, die wir in diesem Augenblick für richtig halten, bräuchten wir mehr Zeit, als wir sie jetzt haben.

So, wie Sie die Bilder erklärt haben, klingt es für mich, als werde jeweils ein einfaches Ding gesondert zum Ausdruck gebracht. Aber im menschlichen Verhalten laufen doch viele Varianten gleichzeitig ab. Ein Mensch kann zur selben Zeit lachen und weinen. Wie lassen sich solche Verhaltensweisen durch den Einsatz dieser Bilder ausdrücken?

Das ist eine wichtige Frage, die ich auf allgemeine Weise beantworten möchte. In unserer Methode gibt es etwas, das wir «die zwei Ebenen» nennen – um richtige Kunst zu erzeugen, ist das ein ganz wesentlicher Punkt. Man kann zum Beispiel gleichzeitig gross und klein sein. Es existieren Methoden, mit denen wir uns als Schauspieler trainieren können, damit wir auf zwei Ebenen parallel zu agieren vermögen. Spielen wir nur auf einer Ebene, wird es völlig langweilig, egal ob es sich um Shakespeare oder einen zeitgenössischen Dramatiker handelt. Unsere Arbeit muss auf zwei, wenn nicht gar auf drei oder vier Ebenen geschehen.

Haben Sie in irgendeinem Land irgendein Theater gefunden, das diesem Ideal nahekommt?

Das ideale Theater erfordert ein festes Ensemble. Haben Sie sich individuell auf ideale Weise entwickelt, sind aber ganz allein, und die anderen Schauspieler wissen nichts über diese idealen Dinge, so können Sie nicht viel ausrichten. Es muss also eine Truppe sein. Hier in Amerika versuchten wir, etwas in der Art aufzubauen. Das war für mich die erste Gelegenheit, mit dieser Arbeit zu beginnen, und dafür bin ich sehr dankbar. [Es handelte sich dabei um das «Chekhov Theatre Studio» in Ridgefield, Connecticut, mit den Chekhov Players; Anm. d. Hg.]

Aber in der Sowjetunion existiert doch diese Qualität, oder nicht?

Die Truppen sind dort in einer sehr seltsamen Situation. Die russischen Theater haben feste Ensembles, und es gibt das System Stanislawskis. Stanislawski bildete seine Schauspieler nach diesem System aus, und zu seinen Lebzeiten verfügte er über eine entsprechende Truppe. Die erste Generation der Stanislawski-Schauspieler waren auf höchstem Niveau wirkliche

Meister ihrer Kunst. All die anderen Theater, die ich in Europa gesehen habe, sind wie die amerikanischen: Die Schauspieler kommen zufällig zusammen und werden nur für ein bestimmtes Stück engagiert.

Ihre Truppe ist die einzige ihrer Art in diesem Land. Wie können wir etwas Ähnliches erreichen? Sonst propagiert ja keiner die Idee einer festen Gruppe.

Lassen Sie es mich so ausdrücken: Das hängt völlig von Ihnen selbst ab. Wer Pionier sein will, kann alles erreichen. Sie können eine Gruppe zusammenstellen und sagen: Hier sind wir, und wir wollen diesem neuen Theater dienen und dafür die Grundlage schaffen. Als Pionier müssen Sie wissen, was das Theater heute ist, was es morgen und übermorgen sein wird und was Sie dem zukünftigen kulturellen Leben Neues hinzuzufügen vermögen.

Leider sehen sich Leute mit finanziellen Problemen konfrontiert, und sie neigen dazu, die Gruppe zu verlassen, wenn sich ihnen die Chance bietet, Geld zu verdienen. Aus diesen Gruppen gehen einige wenige erfolgreiche Schauspieler hervor, die es an den Broadway schaffen, aber die Gruppe stirbt – ihre Protagonisten verlassen sie aus finanziellen Gründen. Nicht sonderlich viele Leute wollen über Jahre eng zusammenhalten.

Das ist ein sehr schwer zu lösendes Problem. Unter bestimmten Blickwinkeln betrachtet, können wir es gar nicht lösen – wenn Sie nämlich Geld brauchen, dann brauchen Sie Geld. Aber es gibt immer noch eine winzige Tür, durch die man ein kleines Zimmer betreten kann, wo man zwar ganz wenig Zeit hat, aber einen starken Willen und die Sehnsucht danach, etwas zu tun, das sich vielleicht später in einer Form entwickeln wird, die wir uns noch gar nicht vorstellen können.

Was den zukünftigen Schauspieler angeht: Wenn er sich die Technik der Konzentration und Imagination angeeignet hat und mit einem Stücktext konfrontiert wird, halten Sie ihn dann von seiner Ausbildung her für fähig, bei der Leseprobe eine perfekte Interpretation zu liefern?

Die Art, nach der Schauspieler heute zu arbeiten gezwungen sind, hilft uns überhaupt nicht weiter. Deshalb sage ich ja, dass wir eine winzige Tür und ein kleines Zimmer finden müssen. Dort sollten wir versuchen, bestimmte Dinge zu entwickeln, die einem der Broadway nicht gestattet. Wir müssen geduldig arbeiten und dürfen unserer Arbeitsweise nicht die Methoden des Broadways aufzwingen. Der erste Schritt besteht darin, uns selbst so gut wie möglich auszubilden. Wird dabei die Natur des Schauspielers auch nur ein klein wenig verändert, bin ich sicher, wir finden einen Weg, auf dem wir parallel zu den Produktionen am Broadway arbeiten können, und vielleicht werden wir Jahre später siegreich sein. Nur den Broadway zu überzeugen zu versuchen, er solle seine Proben und Inszenierungsmethoden ändern – das ist unmöglich.

Sollten wir an uns selbst überhaupt den Anspruch stellen, aufzustehen und eine perfekte Interpretation irgendeiner Figur liefern zu können?

Ich denke schon. Wenn diese Fähigkeiten voll entwickelt tatsächlich da sind, gewinnen Sie enorm viel Zeit. Denn Sie verfügen sozusagen über Knöpfe, auf die Sie in sich selbst mit einer gewissen Leichtigkeit drücken können. Die Leseprobe wird gleichzeitig das erste Imaginieren sein, die erste Verkörperung, die erste Charakterisierung – das alles wird sofort zusammenkommen.

Haben Sie ein Buch über diese Dinge geschrieben?

Ich verfasse gerade ein Buch, an dem ich schon länger sitze und das ich bald fertigzustellen hoffe. [Tschechows Buch *To the Actor* erschien elf Jahre später, im Jahre 1953; Anm. d. Hg.]

Ich bin mir sicher, dass wir alle sehr berührt sind von Menschen, die den Krieg erlebt haben. Es gibt jetzt eine Einrichtung, die Auftritte vor Soldaten organisiert. Wäre es nicht ganz wunderbar, wenn wir die Regierung überzeugen könnten, ein Nationaltheater zu subventionieren, an dem man ein derartiges ideales Theater entwickelt?

Das wäre sicher der richtige Weg, ob wir jedoch von der Regierung eine Reaktion auf diesen Vorschlag erhalten würden, kann ich schlecht sagen. Es müsste etwas sein, das sie überzeugt. Das ginge nur, indem man ein Stück vorbereitet, es zeigt, und sie dann fragt, ob sie uns gestatten, dem kulturellen Leben des Landes auf diese Weise zu dienen. Das erscheint mir praktischer, als sie theoretisch überzeugen zu wollen.

LEBEN AUF DER BÜHNE

Zweiter öffentlicher Vortrag für Schauspieler des «Actors' Service» am 17. Februar 1942

- DAS THEATER DER ZUKUNFT
- DER SCHAUSPIELER IST DAS THEATER
- «LEBEN» AUF DER BÜHNE
- DIE DIMENSION DER FIGUREN SHAKESPEARES
- MATERIALISMUS – DAS KLISCHEE IN DER SCHAUSPIELEREI
- DIE TECHNIK DES SCHAUSPIELERS
- ATMOSPHÄRE
- DIE LEBENDIGE AUFFÜHRUNG
- WAS DAS PUBLIKUM BRAUCHT
- DAS IMAGINÄRE PUBLIKUM
- DER KREATIVE PROZESS – VIER STUFEN
- INSPIRATION – ZWEI EBENEN DES BEWUSSTSEINS
- FRAGEN UND ANTWORTEN

DAS THEATER DER ZUKUNFT

Unser Thema ist das Theater der Zukunft – also eine sehr weitgefasste Fragestellung. Wir könnten uns ihr von vielen verschiedenen Blickwinkeln her nähern, müssen uns aber für einen einzigen entscheiden. Der geeignetste und aufschlussreichste Ansatz, um über das zukünftige Theater zu sprechen, liegt für mich darin, sich mit dem zukünftigen Schauspieler zu befassen.

DER SCHAUSPIELER IST DAS THEATER

Für mich besteht das Theater aus dem Schauspieler, und das ist alles. Aus meiner Sicht ist niemand anderes im Theater wichtig. Ohne den Schauspieler gibt es kein Theater. Alles, was der Regisseur, der Autor, der Bühnenbildner beizutragen haben, ergibt noch kein Theater.

Deshalb ist der Schauspieler derjenige, der sich über das Theater Sorgen machen und ein neues erschaffen muss. Wir können ihm dabei helfen, wenn wir an seine Fähigkeit glauben, das Theater der Zukunft zu erschaffen. Damit meine ich uns als das Publikum sowie seine Freunde und Bekannten. Natürlich wird das nicht leicht für ihn sein, weil es heutzutage so viele Dinge gibt, die die Entwicklung des Schauspielers behindern. Zum Beispiel ist die Theaterkasse ein sehr angenehmer, dabei jedoch auch ein verstörender Ort. Der Schauspieler kann sich nicht seinem Beruf widmen, solange die Theaterkasse kein grünes Licht gibt. Aber der Schauspieler, und nur der Schauspieler, ist selbst in der Lage, diese Schwierigkeit zu überwinden.

Ich glaube, dass sich sehr bald eine Gruppe von Schauspielern, von «Pionieren», zusammenfinden und wirklich zu kämpfen beginnen wird. Nur wie? Sicher nicht, indem man Dinge zu ändern versucht, die sich ohnehin nicht ändern lassen, und etwa die Theaterkasse dichtmacht. Schon eher, indem man sich selbst ausbildet. Tut man das mit genügend Geduld, wird das Publikum verstehen, dass etwas Neues im Gange ist, und das Publikum entscheidet alles Weitere – sogar was mit der Theaterkasse passieren soll.

«LEBEN» AUF DER BÜHNE

Lassen Sie mich umreissen, was der Schauspieler für dieses ideale zukünftige Theater unternehmen kann. Überall auf der Welt – ich war selbst einmal ein Schauspieler, daher trifft die Kritik, die ich jetzt formuliere, auch auf mich selbst zu – sind wir Schauspieler blind gegenüber bestimmten Dingen, auf denen wir eigentlich stehen oder jedenfalls stehen sollten, um dabei festen Grund unter unseren Füssen zu spüren. Eines der wichtigsten dieser Dinge ist die Tatsache, dass wir das Gespür verloren haben für das, was «Leben» heisst. Gleich werde ich Ihnen definieren, was ich unter diesem Begriff «Leben» verstehe. Wir erfassen das Leben nicht richtig, und wir hassen es, das Leben auf der Bühne darzustellen. All die Schwierigkeiten, die wir auf der Bühne haben, all unsere Klischees, sind Zeichen dafür, dass wir keine wahre Verbindung zum Leben besitzen und diesen Mangel durch abgelebte Formen zu kaschieren versuchen. Ich bin überzeugt davon, dass jeder einzelne von uns Schauspielern eigentlich viel reicher und weitaus talentierter ist, als es oft den Anschein hat. Aber wir entdecken uns nicht richtig selbst und denken deshalb, wir müssten Klischees und Manierismen einsetzen und all die anderen Mätzchen, die so offensichtlich falsch sind. Wir dürfen unser Publikum nicht mit dieser schlechten Imitation von Leben hinters Licht führen. Wir zeigen ihm sonst nur Sachen, die uns selbst unglücklich machen.

Was ist nun dieses «Leben», zu dem der zukünftige Schauspieler eine Verbindung sucht? All die Ereignisse, die um uns Schauspieler herum geschehen, *alle* diese Ereignisse sind nur der äusserliche Ausdruck von etwas, das sie hervorbringt, in Bewegung setzt, entwickelt usw., und diese zweite Ebene ist das «Leben». Schauen wir uns zum Beispiel einen Baum oder eine Pflanze an und versuchen wir uns vorzustellen, was in dieser Pflanze abläuft und sie erst zu einer Pflanze macht. Das ist das «Leben» – kein abstraktes Leben, denn das würde gar nichts bedeuten, sondern die tatsächliche Kraft, die dabei an der Arbeit ist. Die Kraft, die ganz offensichtlich aus dem Boden hinauf in die Blätter geleitet wird, und sogar noch über sie hinaus und um sie herum. Es handelt sich nicht um Leben oder Kraft im Allgemeinen, sondern um eine besondere Art von Kraft, die diese Art Pflanze formt und modelliert.

Stellen wir uns nun zum Beispiel eine Eiche vor und vergleichen die Pflanze mit der Eiche. Wir erkennen eine andere Art von Leben in der Eiche, weil die Blätter anders sind, ihre Grösse verschieden ist und so weiter. Über diese Kraft in der Eiche lässt sich reflektieren. Wir können darüber nachdenken und ihre Existenz akzeptieren. Es muss eine bestimmte Kraft geben, sonst würden die Pflanze oder der Baum nicht wachsen. Doch für den Schauspieler, der alles verkörpert, reicht es nicht, davon zu *wissen*, es intellektuell zu akzeptieren. Er muss fähig sein, mit der Pflanze zusammenzuwachsen, nicht im Allgemeinen, sondern mit dieser spezifischen Pflanze. Er muss in der Lage sein, von innen heraus diese Art Blätter zu formen und auf andere Weise die der Eiche. Versucht der Schauspieler, alle diese Lebensströmungen zu durchdringen, die Demonstrationen des Lebens überall um uns herum, zu was führt das dann? Er erweckt das Leben in sich selbst, das Leben als das einzige Mittel, durch das er auf der Bühne etwas darstellen kann. Natürlich sprechen wir hier von einem Idealfall und vom Schauspieler der Zukunft.

Nehmen wir als Nächstes ein Tier. Wie sollte es ein Schauspieler betrachten? Stellen wir uns beispielsweise einen Löwen vor. Wir kennen vielleicht ungefähr den Umriss des Löwen, ausserdem scheint er gelb und schön zu sein, aber was noch? Ich weiss es nicht. Und das ist nicht genug. Wir müssen uns mitten in das Leben des Löwen hineinversetzen, um zu erkennen, wie verschieden es ist von dem Leben, das die Pflanze oder die Eiche formt. Wir erkennen die Macht, die die Klauen des Löwen formt, wenn wir durch diese Klauen hindurchdringen zu der Macht, die sie geformt hat, wie sie sind. Wir erhalten den Eindruck eines leidenschaftlichen *Willens*, der immer nach Opfern Ausschau hält, von packenden und zuschnappenden Bewegungen und so weiter. Die Form der Klauen wird uns Schauspielern Dinge verraten, von denen wir nicht wussten, dass sie in uns existieren, die aber vorhanden sind.

Dann wird uns klar werden, dass wir alle Löwen sind, Tiere, Pflanzen, Bäume, engelsgleiche Wesen und so weiter. Wir müssen sie nur durchdringen und sie ihres spezifischen Lebens berauben, dann verstehen wir, dass wir auf der Bühne alles machen können. Wir können Engel sein oder Teufel. Romeos, die zu sehr lieben, oder Jagos, die wissen, wie man verletzt, hasst und sich über den Tod anderer freut. Wir können Mörder sein, Richter, Opfer, alles Mögliche, aber um diese Kraft in uns selbst zu entdecken, müssen wir das Leben um uns herum einatmen.

DIE DIMENSION DER FIGUREN SHAKESPEARES

Ich traue mich gar nicht, über Shakespeare zu sprechen, ausser um eine bestimmte Bemerkung zu machen. Ich bezweifle, dass wir Schauspieler wirklich und wahrhaftig Shakespeare spielen können, ohne dass wir in uns selbst all die Löwen, Katzen, Pflanzen, Eichen oder Engel entdeckt haben. Ich glaube nicht, dass Shakespeare je über «uns» schrieb, sondern immer nur über Wesen, die entweder unter oder über uns stehen. Ich denke nicht, dass man bei ihm auch nur eine einzige Figur findet, die so ist wie wir. Aber die ganze Vielfalt der Charaktere, die Shakespeare schuf, findet ihre Entsprechung im Himmel und in der Hölle. Wir müssen selbst Teufel und Engel sein, damit Shakespeare sich uns erschliesst und wir ihn für uns selbst entdecken können.

Beim blossen Lesen von Shakespeare verstehen wir ihn noch nicht, erst wenn wir uns auf das gewaltige und manchmal schreckliche Leben seiner Protagonisten stürzen, fangen wir an zu ahnen, was sie sein könnten. Nehmen wir beispielsweise Othello. Versuchen Sie, sich auszumalen, was wir in uns selbst zum Leben erwecken müssen, um derart leidenschaftlich und zärtlich zu werden, derart stur und schwach – was für einen Gang wir brauchen, um Othello zum Ausdruck zu bringen. Welche Zumutung ist es doch, einen Schauspieler seine Garderobe oder die Bühne als Othello betreten zu sehen, als wäre es einerlei, ob er liebt oder eifersüchtig ist! Welche Enttäuschung, einen Hamlet auf der Bühne zu sehen, der genauso ist, wie wir selbst! Das kann nicht sein – entweder sind wir alle Hamlets, oder er ist ganz anders. So ist das mit allen Figuren Shakespeares.

Untersuchen wir, was ein Schauspieler tun kann, um das Leben in sich zu erwecken. Zunächst einmal muss er eine bestimmte geistige Tätigkeit erfüllen. Er muss erkennen, dass er unter dem Druck eines materialistischen Gedankenguts existiert, das alles tötet, sein Leben und seine Fähigkeit, das Leben um ihn herum zu erkennen – seine Fähigkeit, es zu ergreifen und sich von überall her zu holen. Diese materialistische Weltsicht erzeugt weitere Gefahren. Wenn der Schauspieler eine Philosophie hat, die eines ehrlichen, logisch denkenden Materialisten, dann mag das noch angehen. Aber in der Mehrzahl der Fälle weiss der Schauspieler gar nicht, ob er ein Materialist ist, ein Spiritualist oder ein Idealist. Er lebt einfach von Stunde zu Stunde oder sogar von Minute zu Minute und steht dabei unter dem materialistischen Einfluss, der in unserer Epoche überall vorherrscht. Es ist eigentlich eine Schande, über Engel zu sprechen, wo doch die Luft so von materialistischen Gedanken getränkt ist. Die letzte Welle dieses Denkens erfolgte am Ende des 19. Jahrhunderts, als der Materialismus für uns noch die stolze Suche nach neuen Wegen in der Kunst, in der Religion und überhaupt in grundsätzlichen Fragen bedeutete – man wollte durch *Logik* einen Ansatz für das Verständnis der Heiligen Schrift und des Vitalismus finden. Wir Schauspieler denken immer, in unserem Kopf sei schon alles in Ordnung, das ist aber leider nicht so. Wir haben selbst sehr viele Gewohnheiten eines materialistischen Lebens beibehalten, was gefährlicher ist, als wenn wir der festen Überzeugung wären, die Welt bestehe lediglich aus Materie.

MATERIALISMUS – DAS KLISCHEE IN DER SCHAUSPIELEREI

Ein Schauspieler, der bei der Suche nach einem neuen Theater Pionier sein will, der wissen möchte, wie Hamlet und wie Othello aussehen, wie Claudius in der Mausefallen-Szene ausruft «Leuchtet mir!», muss diese materialistische Lebensart abwerfen. Das bedeutet, neue gegen alte Gewohnheiten auszutauschen. Haben wir uns etwa angewöhnt, mit verschränkten Armen dazusitzen, mag das ganz unschuldig erscheinen, das stimmt jedoch nicht, weil es schon voller materialistischer Impulse ist. Auf andere Weise dazusitzen, mag unbequem sein, aber probieren Sie es doch einfach. Es wird sich etwas in Ihnen lösen, und eine neue Bedeutung, ein neues Gefühl, eine neue Verbindung zu den Pflanzen und Bäumen stellt sich her. Auf diesem Wege muss man den schwer auf uns lastenden Mantel materialistischer Gewohnheiten abwerfen.

Als Schauspieler müssen wir also erst einmal erkennen, dass wir nicht ganz wir selbst sind. Irgendwie bleiben wir die Sklaven von Gedanken, ich nenne sie materialistische Gedanken, die überall in der Luft um uns herum sind, in unseren Körpern, in der Art und Weise, wie wir Dinge sehen und hören. Der Schauspieler muss ausserdem einsehen, dass die materialistische Weltsicht, so harmonisch sie erscheinen mag, in unserer Zeit zu einem wahren Desaster für die Welt verkommen ist. Alles, was uns heute quält, geht zurück auf diesen degenerierten, materialistischen Standpunkt.

Beginnt der Künstler, mit konkreten Dingen zu flirten, statt mit seiner Imagination und seinen Vorstellungen, verliebt er sich zuerst heimlich in sie, und viele weitere Dinge ziehen ihn in der Folge an, so dass er das Gefühl erhält, er brauche seine Imagination nicht mehr, weil alles eh vorhanden ist – die Gestalt, die Form und die Farben, um sie zu bemalen. Schliesslich gelangt der Künstler an einen Punkt, wo er sich tatsächlich so ernsthaft und tief in solche Dinge verliebt, dass er glaubt, er sei selbst ein Ding, das angezogen werden muss, geschminkt und auf der Bühne zur Schau gestellt.

Das ist der Preis, den wir heute zu zahlen haben für unseren früheren Flirt mit echten Dingen. Wäre der heutige Künstler ganz ehrlich mit sich selbst, würde er sagen: «Ich muss weiterflirten. Ich muss Panzer lieben und Maschinengewehre und all das, was in der Wochenschau gezeigt wird.» Aber wie kann ein Darsteller, der Panzer liebt, den Hamlet spielen? Ich halte das für unmöglich. Der Panzer ist mächtig genug, um uns als Künstler zu töten, nicht nur körperlich, wie es gerade auf der Welt geschieht, sondern auch psychisch.

Wenn ich diesen Panzer aber nicht liebe, muss ich den ganzen Weg zurückgehen. Es genügt nicht, den Panzer zu verleugnen und dabei das Klischee im Theater zu akzeptieren – sie sind ein und dasselbe. Das tote Klischee auf der Bühne ist die Entsprechung des Panzers auf dem Schlachtfeld. Alle diese Illusionen müssen abgestreift werden, als Künstler haben wir es nämlich mit dem Leben zu tun, sonst sind wir unterbewusst Sklaven des Todes. Worin besteht also die zweite Aufgabe des Schauspielers? Er muss überall Leben sehen und sich von allen materialistischen Gedanken und Gewohnheiten verabschieden.

DIE TECHNIK DES SCHAUSPIELERS

Die dritte Sache: Wir als Schauspieler benötigen eine Technik, die genauso fein und kompliziert ist wie die Technik jedes anderen Künstlers. Wir brauchen andere Ausdrucksmittel als die derzeitigen. Unser Instrument, das dazu dient, dem Publikum unsere ganze Imagination, Gefühle, Willensimpulse und alles Weitere zu vermitteln, dieses Instrument – unsere Stimme und unser Körper – muss umgestaltet und neu erschaffen werden. Man muss es bewusst verändern.

Wie lässt sich das erreichen, und zu welcher Art von Veränderung führt es? Nehmen wir an, wir bewegen uns auf der Bühne. Das können wir tun, indem wir unsere Muskeln benutzen – sie einfach nur benutzen. Wir greifen einen Stuhl und wissen, dass unser tatsächlicher Körper ihn nimmt und wieder abstellt. Doch habe ich noch etwas anderes dabei erfahren, als die übliche Art, mich auf der Bühne zu bewegen? Wenn nicht, muss der Vorgang neu gestaltet werden. Wie? Mir muss als Schauspieler klar werden, dass ich diese Form der Bewegung, die abrupt einsetzt und lediglich Muskeln benutzt, unterlassen sollte. Ich muss etwas anderes finden, und zwar zunächst einen konkreten Lebensimpuls.

Erst erfolgt der Impuls, sich zu bewegen, dann, als Teil dieses Impulses, lasse ich den Körper sich bewegen und dem Impuls folgen – nicht anders herum. Habe ich den Stuhl abgestellt und dabei das Gefühl, meine Handlung sei abgeschlossen, wäre das falsch. Wenn ich zuerst einen Lebensimpuls spüre, erlaube ich meinem Körper, ihm zu folgen, nehme den Stuhl und setze ihn wieder ab, doch der Lebensimpuls *geht weiter*, wird *aufrechterhalten* und endet erst dann. Er muss *ausgelöst werden* und *weitergehen*, nachdem die physische Handlung beendet wurde. Dadurch erfahren wir unseren Körper auf völlig andere Weise. Wir bekommen das Gefühl, unser Körper diene uns als Instrument zum Ausdruck von Dingen, die nicht nur physisch sind. Das Publikum muss diese Willens- und Lebensimpulse empfangen, die wir über bestimmte Wellen senden. So strahlen wir sinnvolle Dinge in Richtung unseres Publikums aus. Zum Beispiel Hamlets Psychologie. Ohne die Lebensimpulse vermögen wir nicht zu vermitteln, was Hamlet denkt oder sich ersehnt, mit ihnen aber sehr wohl. Darin besteht die grösstmögliche Annäherung an Shakespeare.

Wir wissen nicht, was Shakespeare gedacht oder gefühlt hat, aber das Beste, was wir erreichen können, besteht in der Benutzung dieser Lebensimpulse und Wellen, mit denen wir unserem Publikum die wunderbarsten Entdeckungen in Shakespeares Stücken vermitteln. Es gibt so viele Wege, unseren Körper wieder zum Leben zu erwecken und mit neuem Leben anzufüllen – oder auch unsere Umgebung –, alle diese Möglichkeiten zur Entwicklung lassen sich jetzt jedoch nicht weiter vertiefen, weil wir noch andere Themen ansprechen müssen.

ATMOSPHÄRE

Die Umgebung eines Schauspielers wirkt heute genauso abgestorben wie er selbst. Betritt er die Bühne, beherrscht er sein Handwerk, kennt die eigenen Stichworte und die seiner Partner, nur sind sie meilenweit voneinander entfernt. Mir ist es zum Beispiel schon passiert, dass ich einen bestimmten Satz gesagt habe, mein Partner darauf antwortet, und was mache ich? Gar nichts. Ich verschwinde einfach ins Nichts, und nur als sehr erfahrener Darsteller gebe ich mir die Mühe, das zu kaschieren. Doch eigentlich sitze ich zu Hause mit meinem Hund – höre ich mein Stichwort, mache ich weiter, und wo war ich in der Zwischenzeit? In einer psychologischen Leere.

Wir müssen herausfinden, was eigentlich die den Schauspieler umgebende Luft erfüllt. Diese Luft ist immer voller Atmosphäre, und diese Atmosphäre wiederum die einzige Luft, die der Schauspieler ein- und ausatmen sollte. Von Atmosphäre umgeben ist er da, zeigt Präsenz, ohne ins Nichts zu verschwinden. Die Atmosphäre um uns herum können wir selbst bewusst erzeugen. Man braucht nicht auf den glücklichen Moment zu warten, wenn auf einmal die Notwendigkeit oder die Atmosphäre über uns kommen, wir eine halbe Stunde lang eine glückliche Probe erleben und anschliessend alles wieder so öde wird wie zuvor. Wir vermögen die Atmosphäre zu erzeugen, sind eigentlich dazu verpflichtet.

Wie lässt sich die Atmosphäre auf der Bühne definieren? In diesem Zusammenhang ähneln sich zwei Sachverhalte sehr, sind aber nicht dasselbe. Der Schauspieler hat persönliche Gefühle, die er für seine Figur benutzt, die Atmosphäre ist aber etwas anderes – sie ist ein objektiver emotionaler Bereich um uns herum. Beispielsweise können wir uns leicht einen Verkehrsunfall vorstellen. Wir nähern uns dieser Katastrophe. Meinen Sie nicht auch, dass es einen bestimmten Punkt gibt, an dem wir sie zuerst erblicken und uns ihr dann immer weiter nähern? Dabei sind wir umgeben von der Atmosphäre dieser Katastrophe, als bewegten wir uns wirklich auf einen Ort zu, der mit etwas für den Schauspieler regelrecht Greifbarem angefüllt ist – es handelt sich um eine völlig andere Luft als die Luft zwei oder drei Schritte vorher.

Betritt man die allgemeine Atmosphäre einer Katastrophe, bemerkt der Schauspieler, wie sich alles, was er sagt, seine Bewegungen und seine Sehnsüchte, verändern. Diese allgemeine, objektive Atmosphäre inspiriert ihn, sich auf andere Weise zu bewegen, zu sprechen, zu denken, zu fühlen, auszustrahlen. Es ist die Luft, die ihm auf der Bühne Inspiration einhaucht, und dadurch wird seine Darstellung lebendig.

Da wäre also der katastrophale Verkehrsunfall – ein Augenzeuge hat Angst, ein anderer kämpft mit seinen Ängsten, ein dritter ist froh, dass ihm das nicht selbst passiert ist, ein vierter versucht zu helfen, weiss aber nicht wie, ein weiterer hilft geschäftig, auch ein Polizist ist da. Alle haben unterschiedliche persönliche Stimmungen, und doch sind sie Teil der allgemeinen, objektiven Atmosphäre dieser Katastrophe. Solche Atmosphären können wir überall antreffen, sofern wir nur eine Sensibilität dafür entwickeln.

Stellen Sie sich etwa ein Krankenhaus vor. Hat das nicht seine ganz eigene Atmosphäre? Diese allgemeine Atmosphäre besteht völlig unabhängig von der Stimmung aller Anwesenden. Als Nächstes stellen Sie sich den Broadway abends vor, morgens, mittags, um Mitternacht – das ist jeweils etwas komplett anderes. Wir müssen versuchen, diese verschiedenen Atmosphären zu erhaschen und ihnen gestatten, uns zu beeinflussen, damit alles, was getan oder gesprochen wird, unter ihren Einfluss gerät. Dadurch wird der Raum um den Schauspieler auf der Bühne mit verschiedenen Formen an Leben angefüllt – genau wie bei der Pflanze oder jeder anderen Art von Leben, die der Schauspieler sehen und in der er existieren kann. Dann bleibt der Raum um ihn herum nicht länger leer.

Die Atmosphäre ist nicht nur sehr hilfreich für den Darsteller auf der Bühne oder bei der Vorbereitung auf seine Rolle. Ich habe auch den Eindruck, dass sie für die Zukunft des Theaters eine grosse Rolle spielen wird. Wie meine ich das? Was erhoffen wir uns derzeit, wenn wir ins Theater gehen? Wir wollen einen Star sehen, doch das Theater besteht nicht nur aus Stars. Wir wollen das hören und sehen, was der Autor geschrieben hat, und was noch? Wenn es keine Stars gibt? Dann ist das Stück vielleicht alles, was wir sehen werden – aber wo ist dabei das Theater? Wo sind die Schauspieler, wenn es keine Stars sind? Wir fragen: «Hast du das Stück gesehen?» Und nicht: «Hast du die Aufführung gesehen?» Es gibt nämlich keine Aufführung.

Auf der Bühne passiert Folgendes: Wir haben die Gedanken des Autors, dann ein ziemliches Loch, und die Körper und Stimmen der Darsteller – intelligent, witzig, je nachdem, was der Autor geschrieben hat. Wir verstehen sie im Publikum, und wir sehen – sofern wir nahe genug sitzen –, wie sie sich bewegen und sprechen, allerdings erkennen wir nichts dazwischen. Weder die Gedanken noch den Willen. Die Schauspieler bewegen sich und verrichten ihre Tätigkeit – das ist der Wille –, nur wo ist das Herz bei all dem? Sehr oft hat eine Aufführung keinerlei Herzschlag. Führen Sie sich kurz vor Augen, wir besässen zwar brillante Gedanken und grossen Willen, jedoch kein Herz. Was hätten wir dann? Eine beeindruckende Maschine, eine intelligente Maschine, aber kein lebendiges Wesen. Ohne den Herzschlag gibt es kein Leben. Fast hätte ich gesagt, Hitler sei ein gutes Beispiel für eine solche Maschine, eine unmenschliche Maschine, doch das stimmt nicht, weil er nicht intelligent ist und keinen Willen hat – er ist lediglich eine Marionette. Aber eine solche Person ist eine kalte, furchterregende Maschine.

Das war ein extremes Beispiel, doch so läuft es nun einmal auf der Bühne ab. Wir haben die Gedanken des Autors und die Tätigkeit des Schauspielers, und keiner macht sich sonderlich einen Kopf darüber. Keiner hat Angst, keiner ist traurig, und es berührt mich nicht im Geringsten, weil der Darsteller kalt bleibt. Er verrichtet seine Tätigkeit und spricht lediglich die Gedanken des Autors aus.

DIE LEBENDIGE AUFFÜHRUNG

Die Atmosphäre ist der Herzschlag der Aufführung. Das zukünftige Theater und der zukünftige Schauspieler müssen sich genauso um sie kümmern wie wir uns um unser Herz als Organ kümmern. Wenn mit unserem Herzen etwas nicht in Ordnung ist, denken wir nicht mehr so klar wie zuvor, führen unsere Arbeit schlechter aus und müssen uns hinlegen. Im Theater ist das alles noch viel dramatischer. Stockt das Herz im Theater, was sehen wir dann noch? Gar nichts. Ohne Atmosphäre bleibt die Bühne leer. Abgesehen von Herumraten und Verstellung. Das ist Unsinn. Die Aufführung braucht eine Seele. Der *Geist* ist der Autor, die *Seele* der Schauspieler und der sich bewegende *Körper* der Regisseur, die Kostüme und alles Übrige. Körper, Seele und Geist, dann haben wir es mit etwas Lebendigem zu tun. Ansonsten wirkt es vielleicht gefährlicher als ein Hitler.

WAS DAS PUBLIKUM BRAUCHT

Als Schauspieler sollten wir noch eine weitere Sache entdecken. Wir müssen uns klar darüber werden, warum und für wen wir spielen. Tun wir es zu unserer eigenen Befriedigung, so ist das falsch. Wir dürfen nur und ausschliesslich für das Publikum spielen. Auf der Bühne müssen wir uns völlig aufopfern und dem Publikum treu dienen. Seine Fragen beantworten, seine Bedürfnisse befriedigen. Doch dazu ist es nötig, zu wissen, was das Publikum braucht, und in diesem Zusammenhang entsteht ein weiteres Problem mit der Theaterkasse. Die weiss nämlich auch, was das Publikum braucht, nur ist das pures Gift für uns. Der Schauspieler benötigt eine andere Perspektive. Er muss in der Lage sein, sich geistig und seelisch zu öffnen und auf das Publikum zu hören, darauf, was es sich ersehnt und was es braucht.

Ganz oberflächlich betrachtet: Vor dem Krieg – dem derzeitigen Krieg – wurde in New York eine bestimmte Art von Stücken herausgebracht. Doch jetzt hat sich alles verändert, in uns, in unserem Leben, wir haben andere Träume, ein anderes Zeitgefühl. Es kommt uns vor, als hätten wir angefangen, ein anderes Leben zu führen. Aber an der Theaterkasse ist das überhaupt noch nicht angekommen. Diese Veränderung wird im Theater nicht reflektiert. Als sei das Publikum noch genau dasselbe. Als sei das Bedürfnis des Theaters noch dasselbe: die Befriedigung der Theaterkasse.

DAS IMAGINÄRE PUBLIKUM

Der Schauspieler hat folgende Aufgabe: die Entwicklung der Imagination. Jeder Darsteller, der ein Pionier sein will, muss sich sein Theater vorstellen, ein Stück auswählen – sagen wir, es handelt sich erneut um *Hamlet*. Der Schauspieler muss sich vorstellen, dass die Aufführung läuft und er dabei auch das Publikum sieht. Er muss Teil dieser imaginären Aufführung sein und dabei dem *imaginären Publikum* zuhören.

Wie reagiert das Publikum heute auf *Hamlet*? Trainiert sich der Schauspieler auf diese Weise, wird er bald bemerken, dass er anders hört und sieht, dass er das Publikum kennt und weiss, was es von einer Aufführung von *Hamlet*, *Othello* oder einem zeitgenössischen Stück erwartet. Das imaginäre Publikum lässt es ihn wissen, sobald er von allen störenden Elementen befreit ist. Es teilt ihm mit, an was es leidet, was für eine Art Humor es braucht und was alles noch darüber hinaus. Dadurch fühlt der Darsteller auf der Bühne eine Verbundenheit mit dem Publikum. Er schenkt nicht länger den Zeitungen Glauben, seinen Freunden oder seinen Feinden, er kennt das heutige Publikum. Zu diesem imaginären Publikum gehören auch Pearl Harbor, Churchills Rede und Hitlers Maske. Alles gehört dazu – alle unsere Hoffnungen, Überzeugungen, Konflikte und Zweifel. Das Publikum vermittelt sie uns. Öffnet der Schauspieler ihm gegenüber sein Herz und hört seine Stimme, wird er anders spielen und sich anders bewegen – wie genau wissen wir noch nicht.

Auf diese Weise findet der Darsteller sein Publikum und behält es für immer in seinem Herzen. Das Publikum wird zum Regisseur … es ist der beste Regisseur überhaupt … der grossartigste und intelligenteste. Der Schauspieler bemerkt, dass das Publikum Bedürfnisse hat, die befriedigt werden müssen, und das Publikum verarbeitet Dinge, die es recht schnell versteht. Es bekommt diese Dinge, lacht und kichert ab und zu, hat Geld für sein Vergnügen bezahlt, und der Schauspieler sagt sich: «Vielleicht unterlasse ich diese Äusserlichkeit lieber. Es ist nicht der richtige Zeitpunkt dafür.»

Der Schauspieler erhält durch das imaginäre Publikum das Gefühl, im Hier und Jetzt zu sein, ein zeitgenössisches Stück zu spielen, er ist aber gleichzeitig im Pazifikkrieg. Er bleibt nicht isoliert, sondern übernimmt Verantwortung für alles, was er auf der Bühne tut, für alles, was er denkt und sich vorstellt, die Art und Weise, wie er sich auf der Bühne bewegt. Dann setzt noch etwas anderes ein. Oft heisst es, Shakespeares Komik sei eigentlich gar nicht komisch, sondern langweilig, sprachlich umständlich und unanständig. Doch der Darsteller, der gleichzeitig auf der Bühne und im Kriegsgebiet ist, erkennt die schreckliche Komik Shakespeares. Den Tiefsinn seines Humors, der nahe bei der Tragödie liegt.

Oft denken wir, etwas sei sehr komisch und etwas anderes sehr tragisch, ohne etwas dazwischen. Aber sie gehören zusammen. Lachen Sie über den Clown Grock, sind Sie gleichzeitig am Lachen und am Weinen. Was geschieht da? Der neue Schauspieler wird fähig sein, genau diese Dinge zur Grundlage des Theaters zu machen, die heute noch so scheinbar weit auseinanderliegen.

DER KREATIVE PROZESS – VIER STUFEN

Er wird dann noch eine weitere Sache herausfinden und erkennen, dass man beim kreativen Prozess nicht ins Schwimmen gerät. Es handelt sich um einen ausgesprochen exakten Vorgang. Man kommt dabei nicht ins Trudeln. Freiheit bedeutet nicht Willkür. Der kreative Prozess, den der Schauspieler der Zukunft verinnerlicht haben wird, setzt sich aus *vier klar definierten Stufen* zusammen, die er zu schätzen lernt.

Die erste Stufe besteht darin, dass er spüren kann, wie er die Rolle, in der er besetzt ist, und das Stück, in dem er auftritt, völlig als eine allgemeine Atmosphäre begreift, die sich ihm beständig nähert. Noch keine Einzelheiten, aber die angenehme Atmosphäre eines Stücks, sagen wir: *Romeo und Julia*. Es ist eine ganze Welt. *Der Sturm* wäre eine völlig andere Welt. Genau wie *Othello* oder *Hamlet*. Der *erste Schritt* erfordert, dem zukünftigen Stück, der zukünftigen Aufführung zuzuhören, als handele es sich um Musik. Zuzuhören, zu geniessen und mehr und mehr in sich aufzunehmen, ohne noch in diesen wunderbaren Schaffensprozess einzugreifen. Das Kind muss gezeugt werden, umgeben von dieser Atmosphäre und gut vorbereitet. Der Darsteller weiss, dass das die erste Stufe ist, er wird schlau sein und warten.

Die zweite Stufe: In der Imagination beginnen weitere Funken zu leuchten. Noch nicht in der Realität, die voller Klischees und Gewohnheiten ist. Bilder tauchen an verschiedenen Stellen auf. Meine Rolle, deine Rolle, seine Rolle, alle unsere Rollen. Sie funkeln und steigen vielversprechend vor uns auf – lassen uns raten und betören uns. Schrittweise wird der zukünftige Schauspieler während dieser zweiten Stufe sorgfältig die fluktuierende Welt der Bilder ergreifen und nach seinem Willen bewegen. Er kann zum Beispiel Don Quichotte bitten, ihm seine Arme und Hände zu zeigen, wenn er Wache steht, und das Bild folgt der Aufforderung. «Zeige mir, wie du diesen getrockneten Fisch isst», und es wird ihm gezeigt. «Zeige mir, wie du diese Prostituierte küsst und dabei glaubst, sie sei eine Prinzessin.» «Zeige mir, wie die Prostituierte aussieht.» «Bewegt euch, kommt zusammen, trennt euch wieder.» «Zeigt mir diesen Moment.» Und so entwickelt sich die Aufführung in der eigenen Imagination.

Wir sind auf der zweiten Stufe, wenn der Schauspieler die Aufführung in seiner lebhaften Vorstellung erschafft, die er von überall her gespeist hat. Dabei kann er die Bilder so leicht und locker organisieren und beeinflussen, dass sie unter seinem fragenden Blick tanzen und spielen, spielen, spielen – das Ganze wird bereits fast da sein.

Die dritte Stufe beginnt damit, dass alle diese Bilder auf verschiedene Körper verteilt werden müssen. Den Körper des Darstellers, der Don Quichotte spielt, den Herzog, Sancho Pansa und so weiter. Verschiedene Körper werden mit Leben erfüllt, und sie verleiben sich diese bewegten Bilder als dritte Stufe ein. Der Schauspieler hat Don Quichotte unzählige Male in seiner Vorstellung gesehen – wie er geht und sich bewegt –, dadurch wird der Körper immer erfüllter und inspirierter durch das Bild, das vorhanden war und seine Lebendigkeit demonstriert hat. Wenn das Bild da ist, und der Darsteller als Don Quichotte schaut und sich bewegt, wenn die Figur alles ist und der Schauspieler sich völlig objektiv betrachtet und nicht selbstbezogen, dann spricht die Figur aus ihm und agiert mit seinen Bewegungen.

INSPIRATION – ZWEI EBENEN DES BEWUSSTSEINS

Das leitet über zur vierten Stufe, die wir nicht erklimmen können – sie stellt sich von selbst ein. Die Inspiration kommt, die Imagination endet, und die Inspiration ist da. Das bedeutet, dass ich zwei verschiedene Personen bin. Ich habe meinen Körper und meinen Willensimpuls gegeben, und das Bild hat mich. Ich bin Don Quichotte, weil er das so will und es ein weiteres «Ich bin» gibt. Völlig frei, ruhig und gelassen blicke ich auf diesen Don Quichotte – sehe ihn an und führe ihn mit Zauberkraft. Das zweite «Ich» sieht alles voraus, was auf der Bühne geschehen wird. Sitzt Don Quichotte am Tisch, weiss das zweite «Ich» vor ihm, wann er aufstehen wird. Deshalb sage ich ihm, er soll auf eine bestimmte Weise aufstehen, und das tut er dann auch, weil er weiss: Da ist mein Lotse, meine Inspiration in der seltsamen Form dieses zweiten «Ich». Ich rede hier nicht über eine reine Fantasie. Wir wissen, dass Goethe ein wissenschaftlich beschlagener Mann war und dennoch die Fertigkeit besass, sein Bewusstsein auf kreative Weise aufzuspalten. Im Leben war er der eine Goethe sowie ein weiterer Goethe, der den anderen betrachten konnte. Zwei Goethes, und der zweite von ihnen war der Künstler, der grosse Goethe. Wir wissen, dass das bei ihm der Fall war – ohne dass er sich moralisch dafür verabscheut hätte oder das Mädchen, in das er gerade verliebt war –, in den kritischsten Momenten seines Lebens blieb er immer Goethe. Der eine Goethe war mit dem Mädchen zusammen, der andere sah ihnen beiden zu und akzeptierte diese Situation völlig, weil Goethe eine reine künstlerische Natur war. Der andere Goethe schrieb anschliessend oft über seine eigenen Liebesabenteuer, auf eine Weise, dass wir erstaunt sind, wie er das alles bloss wissen konnte, diese ganzen feinen, subtilen, mysteriösen, verborgenen Dinge, als er und das Mädchen ineinander verliebt waren. Er sieht nämlich sich selbst, wie er sich und das Mädchen betrachtet – und spaltet so sein Bewusstsein kreativ auf. Der Schauspieler der Zukunft wird dazu ebenfalls in der Lage sein und wissen, dass er das nur erreichen kann, wenn er geduldig diese vier Stufen durchläuft, eine nach der anderen – am Schluss stehen die Inspiration und das aufgespaltene Bewusstsein.

FRAGEN UND ANTWORTEN

Sie sprechen von der Atmosphäre, die den Schauspieler beeinflusst. Könnten Sie vielleicht das Problem des Übergangs etwas genauer erläutern?

Die Atmosphäre ist das eine, es gibt aber noch andere Dinge. Wir können zum Beispiel die Fähigkeit erwerben, uns auf verschiedene Weise zu bewegen. Trainieren wir das, wofür es besondere Übungen gibt, wird uns der eigene Körper stark inspirieren. Als Schauspieler wissen wir nur allzu gut, dass wir oft instinktiv Dinge vermeiden, zu denen unser Körper nicht in der Lage ist. Der Schauspieler kann sich etwa Don Quichotte auf eine bestimmte Weise vorstellen, doch weil es ihm an körperlicher Beweglichkeit fehlt, malt er sich stattdessen die Figur simpler aus. Mit besser entwickeltem Körper wird auch die Imagination freier.

Aber was ist mit dem Ziel, was ist mit der Überaufgabe? Würde die nicht verhindern, dass man in die Falle geht, zwischen Dialogen nichts zu machen?*

Das Ziel oder die Überaufgabe, so wie ich sie verstehe, füllt die gesamte szenische Zeit auf der Bühne. Die Frage ist nur, wie wir sie verwenden sollen. Bloss mit dem Gehirn funktioniert das nicht. Wenn der Intellekt etwas versteht, hält er länger als nötig daran fest und gestattet dem Willen nicht, es zu benutzen. Aber das Ziel, das wir mit unserem Willen ergreifen, ist während der Aufführung durchgängig da. Es gibt daher keine Lücken, weil der Darsteller die Überaufgabe für seine Figur kennt und erfüllen wird. Die Überaufgabe ist also eine grosse Hilfe bei der Vermeidung dieser Lücken.

---

* Das englische Wort *objective* entspricht dem deutschen Begriff «Aufgabe». Den einschlägigen Stanislawski-Übersetzungen folgend verwenden wir daher «Überaufgabe» für *super-objective*; in der praktischen Arbeit auch «Ziel» und «übergeordnetes Ziel». (Anm. d. Hg.)

Als Sie darüber gesprochen haben, was das Publikum will – über Komödie und Tragödie –, wurde mir Ihr Gedankengang nicht ganz klar. Wenn Sie sagen, man weiss, was das Publikum will, verstehe ich das nicht, es sei denn, Sie wissen es lediglich für sich persönlich.

Sobald wir mit imaginären Augen sehen, erscheinen «Vernunft» und «Intellekt» irgendwie beschränkt und verhext. Natürlich hat das auch etwas mit Ihnen selbst zu tun, der Künstler ist schliesslich immer ein Individuum, das der Welt etwas mitzuteilen hat. Er darf mittels der Kunst eine eigene Meinung zum Ausdruck bringen, seine Zweifel und seine Überzeugungen. Es handelt sich um eine Kombination: zu «erraten», was das imaginäre Publikum will, und hinzuzufügen, was der Künstler als kreatives Individuum selbst will.

Wenn wir glauben, eine Rolle absolut objektiv darstellen und interpretieren zu können, sitzen wir einer grossen Illusion auf. Es gibt überhaupt keinen objektiven Standpunkt. Wäre der Künstler «objektiv», hätte er nichts mitzuteilen und zu spielen. Es sollte lediglich insofern objektiv sein, als ich in meiner eigenen Zeit lebe – ich muss wissen, was in ihr geschieht, wer Hitler ist, Mussolini und andere scheinbar bedeutende Gestalten. Ich muss alles wissen, was auf der Welt geschieht, und darüber hinaus erraten, was morgen passieren wird. Und auf alle diese objektiven Dinge muss ich mein subjektives Licht werfen und Hitler auf meine eigene Weise hassen.

Die Gewohnheiten materieller Dinge abzuwerfen – sie loszuwerden –, ist ja vergleichsweise einfach, aber was setzen Sie an ihre Stelle? Wie bringen Sie die Schauspieler dazu, sich etwas vorzustellen und ihrer Imagination zu vertrauen? Es fliessen zu lassen und zu sagen: Da ist es. Nur was ist es?

Zunächst einmal empfehle ich meinen Kollegen oder Studenten nie, alle ihre Gewohnheiten umgehend loszuwerden. Darin besteht nämlich eine Gefahr, wie Sie richtig sagen: Sie sind weg und noch nicht durch etwas Neues ersetzt worden. Um alte Gewohnheiten nach und nach abzustreifen, folgt man einzelnen Entwicklungsschritten, einer bestimmten Methode, wie wir es bezeichnen. Natürlich kann ich die von mir entwickelte Methode, mit der man schrittweise alle Gewohnheiten ersetzen kann, in so kurzer Zeit nicht ansatzweise darstellen. Sie vermittelt dem Schauspieler die Fähigkeit, in jedem Moment aufs Neue schöpferisch tätig zu sein, ohne sich Sorgen darüber machen zu müssen, dass leere Räume und Lücken entstehen. Einerseits erfordert das Zeit und Training, andererseits dürfen wir unsere Gewohnheiten nicht abstreifen, ohne dass die neuen Dinge auf dem Weg sind, die sie ersetzen werden.

DER KÜNSTLER ARBEITET IN DER WELT DER UNSICHTBAREN DINGE

Vortrag für Mitglieder von «Actors' Cue» am 26. März 1942

- SENSIBILITÄT FÜR DEN BÜHNENRAUM – DIMENSION
- DIE BEWEGUNGEN UND SPRECHWEISE DES SCHAUSPIELERS – SEIN GANZES WESEN
- PENIBLES TRAINING VON KÖRPER UND SPRECHWEISE
- ERSTE ANNÄHERUNG AN DEN TEXT
- EINFALLSREICHTUM – ERFINDUNGSGABE
- IMAGINATION
- DER KREATIVE GEIST
- DER KÜNSTLER ARBEITET IN EINER WELT UNSICHTBARER DINGE
- KONTRASTE – VARIATIONEN
- ENTSPANNUNG
- INNERLICHES UND ÄUSSERLICHES SPIEL
- DIE INNERE KRAFT DES SCHAUSPIELERS
- DIE INDIVIDUALITÄT DES SCHAUSPIELERS
- RHYTHMUS UND METRUM

Vielen Dank, dass Sie mir Ihre Szenen gezeigt haben. Beginnen möchte ich mit einigen allgemeinen Vorschlägen, die Sie auf Ihre Arbeit übertragen können, sofern Sie das wollen. Anschliessend würde ich gerne einige individuelle Eindrücke beschreiben, die ich heute Abend gewonnen habe. Bitte nehmen Sie einfach meine Beobachtungen als etwas Positives oder Negatives und finden Sie gleichzeitig heraus, was Sie selbst darüber denken. Ihre und meine Gedanken ergeben dann zusammen den richtigen Eindruck.

SENSIBILITÄT FÜR DEN BÜHNENRAUM – DIMENSION

Meinen Sie nicht auch, dass alle Szenen, die wir gesehen haben, nur sehr begrenzt die Möglichkeiten des Raumes nutzten? Versuchen Sie sich an so viele Eindrücke wie möglich zu erinnern und Sie werden verstehen, was ich meine. Ich hatte den Eindruck, dass der Raum nicht mitbedacht wurde. Egal, ob die Schauspieler in Bewegung waren, sassen oder ruhig dastanden – sie haben ihn gar nicht wahrgenommen. In unserem Beruf darf man nie – unabhängig davon, ob wir mit einem Regisseur arbeiten oder alleine – auf einer Bühne sein, ohne eine Verbindung zu dem Raum zu haben, in dem wir uns befinden. Das sieht dann so aus, als hänge das Ganze irgendwie in der Luft, und unabhängig davon, ob Sie besser oder eher schlechter spielen, ist nichts auf der Bühne richtig da, präsent, verkörpert. Es kann nämlich niemand die Tatsache bestreiten oder ignorieren, dass das Publikum dort drüben ist und der Darsteller hier. Wenn wir keine Sensibilität für diese *Dimensionen* haben, stimmt irgendetwas mit uns psychologisch nicht, selbst wenn wir gut spielen.

Führen Sie beispielsweise auf dieser Bühne (zum Publikum komme ich später) *König Lear* auf und ziehen den Raum nicht in Betracht, wird Ihr Spiel taktlos erscheinen, weil der Raum das gar nicht zulässt, Sie würden nur wie wilde Tiere aussehen. Der Raum gestattet diese Form übersteigerter Leidenschaften nicht. Genauso wenig können Sie in diesem Raum einfach nur flüstern, das wäre auch falsch, und nur Ihr Onkel oder Ihre Tante könnten Sie verstehen. Daher muss unser Instinkt, unsere schauspielerische Intuition – schon bevor wir mit dem Regisseur zusammenarbeiten – uns mitteilen, was der *geheimnisvolle Bühnenraum* ist. Wir können ihn nicht vermessen – darum geht es beim Spielen nicht. Wenn wir spielen, ist der Bühnenraum unsere ganze Welt, darin besteht sein Geheimnis. Natürlich gibt es noch sehr viel mehr Geheimnisse dieses seltsamen Bühnenraums hier, aber konzentrieren Sie sich jetzt nur auf das Gefühl der Dimension. Sie werden erkennen, wie viele szenische Möglichkeiten wir jeweils aus diesem Raum entwickeln können, ganz allein aus seinen Dimensionen.

Vergegenwärtigen Sie sich kurz alle Szenen, die wir gesehen haben, und entscheiden Sie, ob das der Fall war. Manchmal bespielten die Darsteller einen ganz kleinen Raum, obwohl wir einen deutlich grösseren sahen, und manchmal konnten wir das nicht ins Verhältnis setzen. Manchmal wurde gross gespielt, obwohl der Raum sehr begrenzt war. Wenn Sie alles, was ich sage, einfach für bare Münze nehmen, hilft Ihnen das nicht. Stellen Sie sich stattdessen die Szenen wirklich selbst vor, erinnern sich genau daran und überprüfen, ob ich Recht habe oder nicht, so ist das für Sie von grossem Nutzen.

DIE BEWEGUNGEN UND SPRECHWEISE DES SCHAUSPIELERS – SEIN GANZES WESEN

Mein zweiter Eindruck fällt erneut negativ aus. (Lob hilft generell nicht viel. Wenn Sie ehrlich erfahren wollen, was falsch ist, wird das weitaus hilfreicher sein.) Von der Bühne herunter habe ich zahlreiche Worte in schneller oder langsamer Abfolge gehört, doch sehr häufig musste ich mir die Frage stellen: Wo ist denn die Person, die spricht? Ich sah die Körper nicht – ich hörte die Stimmen, aber wenn ich hinschaute, gewann ich den Eindruck, dort stehen hilflose Körper herum, und Stimmen kommen aus Figuren heraus, die eigentlich auf der Bühne gar nicht richtig vorhanden sind. Zwei Wesen – das eine spricht, und ich kann es nicht sehen; das andere sehe ich, aber es spricht nicht.

Das ist nicht nur Ihr Fehler – es ist der Fehler von Darstellern überall auf der Welt. Er besteht darin, dass wir uns über Jahrzehnte aufgrund von bestimmten schlechten Einflüssen daran gewöhnt haben, zu glauben, eine Rolle zu spielen, heisse lediglich die Worte zu sprechen, die der Autor für uns schrieb. Ganz und gar nicht. Der Autor und sein Text – seine Worte – sind nur der Vorwand für unser Spiel.

Dramatiker haben im Allgemeinen keinen Schimmer vom Schauspielen, und sie mischen sich störend in unseren Beruf ein. Sie bestehen auf ihren Worten und können sich gar nicht vorstellen, dass sie genau diese Worte als Autor ärmer und schwächer erscheinen lassen, sofern das Spiel des Darstellers nicht hinzukommt. Was passiert, wenn wir uns ausschliesslich auf den Text verlassen? Denken Sie, während ich spreche, an die Szenen zurück, und Sie werden verstehen, was ich meine.

Wenn wir uns ausschliesslich auf sie verlassen, sammeln sich all die Worte in unserem Kopf an, bleiben in ihm drin, und das Resultat sind tote Stücke, weil der Kopf unser totestes Körperteil ist. Wir können mit ihm keine Gesten ausführen, nur fade und unkünstlerische Grimassen. Dieses tote, runde Ding führt uns in Versuchung, und wir fangen an, aus dem Mund zu sprechen – noch nicht einmal aus der Lunge.

Das richtige Sprechen auf der Bühne kommt aus unserem Herzen, unseren Armen und Händen, unserem Oberkörper, unseren Beinen und Füssen. Wenn *das ganze Lebewesen* zu sprechen beginnt – dabei müssen Sie sich nicht einmal bewegen –, wenn der Impuls, zu sprechen, aus unserem ganzen Wesen kommt, ausser aus dem Kopf, dann gefällt das dem Publikum, weil es aus Menschen mit Armen, Händen, Beinen, Herzen und Lungen besteht.

Hören wir irgendetwas, selbst im Alltag, unterliegen wir der Illusion, wir hörten mit unseren Ohren. Das ist jedoch nicht der Fall. Würden wir nur unsere Ohren benutzen, könnten wir gar nichts hören oder verstehen. Wir würden lediglich den Sprechenden ansehen und schauen, was mit ihm passiert. Wir hören mit unserem *ganzen Wesen*. Wenn Sie sich selbst genau beobachten und frei in Ihren Gefühlen sind, erkennen Sie, dass Sie mit Ihren Armen und Händen, mit Ihrem ganzen Körper hören, und Sie bereiten auch mit Ihrem ganzen Körper Ihre Antwort vor.

Stehen wir auf der Bühne ausschliesslich unter dem Einfluss der Sätze des Autors und der Meinungen von anderen Theaterleuten, sprechen wir von unserem Kopf her. Es gilt allerdings die Regel: Wir haben keinerlei Recht dazu, zu spielen und zu sprechen, wenn wir dabei lediglich unseren Kopf benutzen. Wie lässt sich das vermeiden? Übrigens muss ich noch hinzufügen: Sprechen wir nur vom Kopf her, ohne unser ganzes Wesen einzubeziehen, gibt es auf der Bühne zweierlei zu sehen – entweder ist es schlecht, unharmonisch und langsam, oder es handelt sich um extreme Nervosität, die mit Kunst nichts zu tun hat. Unsere Nerven warten bloss darauf, unsere Kunst umzubringen, weil diese in unserem Herzen liegt, den Armen, den Beinen und Füssen und nicht im Kopf oder dem Solarplexus. Wenn wir vom Kopf her sprechen, benutzen wir unsere Nerven. Spielen Sie eine nervöse Person lediglich vom Kopf her, wirkt es wie eine klinische Fallstudie. Das ist sehr unangenehm, und man muss sich das selbst austreiben, auch zum Wohle des Publikums.

Selbstverständlich zeigen Sie das nicht so extrem, aber in einem gewissen Ausmass hat unser Kopf die Macht über uns, wenn wir unseren Körper aussen vor lassen. Wenn wir also nicht auf unseren ganzen Körper achten, dürfen wir nicht darauf hoffen, die reine Fallstudie zu vermeiden. Was sollen wir tun? Ich kann nur kurz etwas vorschlagen. Verwenden Sie eine gewisse Zeitspanne darauf, alle Ihre Bewegungen auf der Bühne zu erzeugen und zu wiederholen, während Sie sich auf Ihre Rolle vorbereiten. Das heisst, Sie müssen Verantwortung dafür übernehmen, wie Sie stehen, wie Sie sitzen, wo Ihre Arme und Hände sind, ob Sie sich zu dieser oder zu jener Seite neigen – das alles ist genau abzuwägen.

PENIBLES TRAINING VON KÖRPER UND SPRECHWEISE

Jetzt lassen Sie uns die Szenen, die wir gesehen haben, gemeinsam durchgehen, und fragen wir uns dabei, ob die Schauspieler wirklich die Verantwortung übernommen hatten für ihre Arme und Hände, ihre Schultern und ihr ganzes Wesen. Nicht unbedingt. Vieles wirkte einfach mehr oder weniger zufällig oder wie aus alter Gewohnheit. Es fehlte die *Kraft* – ich gebrauche diesen Begriff, weil wir erst einmal unseren Körper zwingen müssen, bevor es leichter und leichter wird, und der Körper von sich aus Einfallsreichtum zeigt –, aber anfangs müssen wir unseren Körper einfach *zwingen*, auf der Bühne einfallsreich zu sein. Heute haben wir einen Darsteller gesehen, der drei simple Gesten ausführte, und das war alles. Benutzen wir unseren Körper nicht, erwecken wir ihn auch nicht zum Leben, und dieser Teufel sagt sofort: «Hab ich dich!» Das führt dann zu unfreiwilliger Komik.

Wir verfügen noch nicht über das Recht, unserem Körper auf der Bühne freien Lauf zu lassen, weil wir in einer rüden, materialistischen Epoche leben – denken wir gezwungenermassen heute an Hitler und Mussolini, macht uns das nicht gerade subtiler, sondern schon durch den blossen Gedanken irgendwie «hitlerhaft». Diese Angelegenheit reicht tiefer, als wir glauben. Hitler massakriert unsere geistigen Fähigkeiten, indem er uns zwingt, ihm unsere Aufmerksamkeit zu schenken. Er tötet unsere Herzen. Vielleicht sind Sie zu jung, um sich daran zu erinnern, aber ich kann die Verzweiflung nicht vergessen, wenn man noch vor dem Ersten Weltkrieg hörte, dass etwas passiert war, jemand abtransportiert wurde, jemand irgendwo starb. Und jetzt sterben Tausende, wenn nicht gar Millionen, und uns geht es gut. Warum? Weil Hitler unseren Geist und unser Herz getötet hat und alles, was den Schauspieler in uns ausmacht. Deshalb können wir, in diesen materialistischen Zeiten, auf der Bühne unseren Körper nicht so agieren lassen, wie er es selbst möchte. Nein. Wir müssen ihn überhaupt erst wieder erwecken, neu beleben. Wir müssen unseren Körper zunächst einmal zwingen, *die Verantwortung zu übernehmen* für jede unserer Positionen auf der Bühne. Das erscheint Ihnen vielleicht ein wenig zu *penibel* – wie kann ich all meine Bewegungen, selbst die meiner Finger, gezielt absolut richtig platzieren, ohne meine Inspiration oder *Spontaneität* auszulöschen? Doch die Frage muss lauten: Wurde unsere Spontaneität nicht bereits von jemandem wie Hitler ausgelöscht? (Benutzen wir seinen Namen als ein Symbol.)

Wir haben unsere Spontaneität weitgehend verloren, bemerken das aber gar nicht, weil wir glauben, es reiche auf der Bühne bereits, unseren Text zu sprechen. Das ist jedoch nicht der Fall. Wenn Sie einander in Ihrem alltäglichen Leben begegnen und bestimmte persönliche Verbindungen untereinander pflegen, haben Sie da nicht öfter das Gefühl, Sie seien im Alltag lebendiger als auf der Bühne? Betreten Sie die Bühne, so akzeptieren Sie – oder irgendjemand akzeptiert es für Sie –, dass Sie Marionetten sind, Sie liefern Text ab und sehen dabei nicht einmal Ihren Partnern in die Augen oder haben ein Gefühl für den Raum, Ihr Körper hängt einfach in der Gegend herum. Das ist vollkommen falsch.

Wir müssen unseren Körper zum Leben erwecken, nur so stellt sich die Inspiration ein. Die Spontaneität kehrt zurück und zwar weitaus reicher, als sie es jetzt ist. Damit wird ein Teil dieser leidigen «Hitler»-Angelegenheit erledigt werden. Man darf sich nicht nur auf ein kleines bisschen Spontaneität verlassen, sie muss eine sprudelnde Quelle sein, erst dann vermag sie, unserem Publikum und uns selbst etwas zu schenken. Sonst bleibt sie nur eine der vielen materialistischen Illusionen. Ein kleines bisschen davon reicht bei Weitem nicht.

Nehmen wir an, Sie bereiten sich auf eine Rolle vor. Suchen Sie sich eine kurze Textstelle aus und versuchen Sie, diese mit imaginären Partnern zu proben. Gehen Sie dabei absolut *penibel* die ganze Szene durch. Haben Sie keine Angst davor. Sie müssen selbst wissen, ob die Szene stimmt, und Sie müssen sie selbst erschaffen. Nur dann, nach dieser kleinen Tortur, fangen Sie an, Ihren Körper zu spüren. Nun können Sie ohne jegliche unnötigen Bewegungen spielen, aber überall sprühen elektrische Funken. Der «Hitler» in Ihrem Körper ist tot. Die Inspiration setzt ein – nicht von Ihrem Kopf aus, dort sind wir zu blöd, weil wir nicht einmal verstehen, dass Krieg herrscht. Ich höre dauernd im Radio, wir befänden uns im Krieg, doch die ganze Welt scheint das nicht wahrhaben zu wollen. Selbst

Hitler versteht nicht, dass er sich im Krieg befindet, weil er nicht einmal weiss, was Krieg ist. Er hat eine Vorstellung von sich selbst, aber keine über den Krieg. Unser Kopf hilft uns nicht dabei, den Krieg zu verstehen – selbst unsere Rolle auf der Bühne oder die Art und Weise, wie wir auf der Bühne sitzen, verstehen wir nicht mit rein intellektuellen Mitteln. Wir müssen sie körperlich nachvollziehen.

Wenn Gott Hitler bestrafen wollte, würde er sein Herz und seinen Körper zum Leben erwecken. Dann würde er verstehen, was er tut, und es wäre eine Bestrafung für ihn. Unser Beruf erfordert es, dass wir unser Herz und unseren Körper zum Leben erwecken. Das erzwingt eine Phase absolut *penibler Kontrolle* über unseren Körper.

ERSTE ANNÄHERUNG AN DEN TEXT

Ein anderes Mittel zum selben Zweck: Wenn Sie beginnen, an Ihrem Text zu arbeiten, sprechen Sie ihn nicht zu laut. Hören Sie die Worte erst einmal, bevor Sie zur Leseprobe kommen. Sehen Sie sich selbst die Worte auf der Bühne sprechen, aber sprechen Sie nicht wirklich, hören Sie sich nur im Geiste dabei zu, wie Sie sie sprechen. Lauschen Sie auf verschiedene Sätze hintereinander, und hören Sie ihnen zu, bis *er* oder *sie* (das sind Sie) in Ihrer Imagination spricht, aus seinem oder ihrem Herzen. Dieses Experiment wird Dinge in Ihnen zum Leben erwecken. Das geht natürlich nicht aus dem Stand, weil es schwer ist, die eigene Stimme zu hören. Vielleicht scheitern Sie erst einmal damit, aber wenn es Ihnen gelingt, werden Sie bemerken, dass Sie *tatsächlich* sprechen.

Begrüssen wir uns beispielsweise im Alltag mit «Hallo» – meinen wir dann wirklich dieses sinnlose «Hallo»? Sind wir so plump und rüde? Eigentlich nicht, wenn wir es dennoch tun, verlassen wir uns auf diese abgelebte Gewohnheit und vergessen, dass wir selbst und unser Gegenüber lebendige Wesen sind. Wären wir in der Lage, ernsthaft zu erkennen, wie schmerzhaft es ist, von jemandem mit diesem «Hallo» bedacht zu werden, würden wir erkennen, dass – wiederum symbolisch gesprochen – «Hitler» seine Aufgabe erfüllte. Er hat unsere menschlichen Verbindungen liquidiert. Dieses extreme Beispiel eines alltäglichen «Hallo» bringen wir auf die Bühne. Wir sagen andauernd «Hallo», anstatt unsere Rolle zu gestalten.

Deshalb müssen wir uns erst in unserer Imagination diese Worte sprechen hören und das ganze Problem umdrehen. Wenn wir sprechen, hört jemand anderes zu, doch in unserer Imagination müssen wir diesen Vorgang umkehren und zum Zuhörer werden, während jemand anderes spricht. Dann kann ein Heilungsprozess einsetzen – ich benutze den Begriff Heilung bewusst, weil «Hitler» eine Krankheit ist –, wenn wir es von der anderen Seite aus angehen. Unseren Körper wieder zum Leben zu erwecken, fällt leichter, als uns selbst sprechen zu hören, also lassen Sie sich nicht zu früh entmutigen.

EINFALLSREICHTUM – ERFINDUNGSGABE

Erinnern wir uns noch einmal an die Szenen, und Ihnen wird klar werden, dass uns in ihrer Abfolge das Gefühl überkam, sie hätten *erfinderischer, einfallsreicher* sein können. Der Autor versorgt uns mit Möglichkeiten, die Sie als Schauspieler zunächst einmal auch genutzt haben, nur meinem Eindruck nach nicht umfassend genug. Manchmal wurde es monoton in jedem Sinne des Wortes – in der Sprechweise, in der Art der Bewegungen und beim Ausdruck Ihrer Emotionen. Man denkt zunächst, es sei interessant, aber dann wiederholt es sich zum ersten Mal, zum zweiten Mal, und die Szene läuft sich zunehmend tot.

IMAGINATION

Nicht genug *Variation*, nicht genug *Einfallsreichtum*. Warum? Dafür gibt es viele Gründe, ich möchte mich jedoch auf einen Punkt konzentrieren: Ich glaube nicht, dass Sie Ihre Imagination bei der Vorbereitung auf die Rolle sonderlich einsetzen. Das müssen Sie einfach viel stärker tun. Dann erblicken Sie Ihre Rolle vor Ihrem geistigen Auge, sehen Ihre Figur, Ihr Spiel vor sich und warten nur darauf, dass dieser imaginäre Schauspieler oder diese imaginäre Schauspielerin (die Sie selbst sind) die Rolle in der Welt der Vorstellung entwickelt, in der es keine schweren, untrainierten Körper gibt. In Ihrer Imagination können Sie sogar jonglieren. Versuchen Sie, in Ihrer Vorstellung drei Bälle gleichzeitig in der Luft zu halten, und Sie werden sehen, dass das wunderbar funktioniert. In Ihrer Imagination sind Sie also ein besserer Schauspieler als in der Realität. Lassen Sie ihn für sich arbeiten. Geniessen Sie, wie er die Rolle in Ihrer Imagination spielt, und Sie werden erkennen, wie einfallsreich Sie selbst sind, während Sie sich dabei zuschauen, wie Sie Ihren Part darstellen. Sonst wären Sie kein Schauspieler. Irgendetwas hat Sie in Ihrem Leben auf die Bühne geführt. Was war das? Ihre Sehnsucht, mit Rollen zu jonglieren. Das gelingt uns nur, wenn wir unsere Imagination nicht begrenzen. Wir dürfen uns nicht nur auf unsere Stimme, auf unsere äussere Erscheinung, auf unsere Gewohnheiten verlassen.

DER KREATIVE GEIST

Unser Einfallsreichtum wird eine grossartige Entdeckung für uns sein, wenn wir unsere Imagination benutzen und erkennen, wer wir eigentlich sind. Hier liegt eine weitere grosse Fehlerquelle. Wir halten uns für Schauspieler, weil wir einen Körper, ein Kostüm, eine Stimme haben und geschminkt sind, aber das sind alles nur Werkzeuge und Ausdrucksmittel. Der tatsächliche Schauspieler in uns ist ein *unsichtbares Wesen*, eine *imaginäre Aktivität* oder die *Aktivität unserer Imagination* in Form *unseres kreativen Geistes*, den man weder erblicken noch ergreifen kann. Wir können ihm diese Dinge nicht überstülpen. Unserem tatsächlichen Körper dagegen sehr wohl, der nur das Instrument ist, um dem Publikum unsere geistigen, imaginären Gedanken oder Visionen zu vermitteln. Der Fehler besteht darin, dass wir es bereits für ausreichend erachten, die Rolle anzunehmen, den Text zu sprechen und uns den Anweisungen des Regisseurs gemäss zu bewegen. *Wir berauben uns dabei unseres wahren Selbst.*

DER KÜNSTLER ARBEITET IN EINER WELT UNSICHTBARER DINGE

Wir müssen zurückkehren zu dem ursprünglichen Gedanken, den alle grossen Meister hatten, bevor dieses schreckliche materialistische Zeitalter begann – ich denke, es war irgendwann im letzten Drittel des 19. Jahrhunderts. Kaum hatte es eingesetzt, wuchs sich diese materialistische Epoche immer weiter aus. Wir Künstler – Menschen, die auf die Welt kamen, um ihre Imagination zu benutzen, ihre Fantasie –, wir haben vergessen, dass wir *in der Welt der unsichtbaren Dinge arbeiten.* Und deshalb – das ist im Augenblick der Fehler der gesamten Menschheit – wurden unser *Einfallsreichtum* und unsere *Erfin-*

dungsgabe geschwächt. Es gelingt uns nicht, die richtige, reiche Imagination aus unserer Umgebung und unserem Körper heraus zu entwickeln. Wir müssen etwas anderes benutzen – nicht unseren Kopf, nie den Kopf – unsere Imagination. Wir werden sehen, wie wir uns vorbereiten und unsere Rolle proben können, während wir von unseren Körpern befreit sind und zuschauen, wie wir selbst diesen oder jenen Satz objektiv sprechen. Dann wird unsere schauspielerische und kreative Natur auf diese Einladung reagieren, wieder lebendig und gesund zu werden. Das ist die Zielsetzung.

Kritik einzelner Szenen:

Erste Szene
KONTRASTE – VARIATIONEN

Da ich Sie nur einmal spielen gesehen habe, liege ich vielleicht völlig falsch mit meinen Vorschlägen. Gut und positiv an Ihrer Szene erschien mir die Tatsache, dass Sie innerlich und äusserlich frei waren. Diese Freiheit hätte eigentlich dazu führen müssen, mehr *Variationen* zu entwickeln. Das war der Schwachpunkt bei Ihrer Szene. Sie war monoton, weil Sie nicht wussten, wie man diese Variationen erreicht.

Was zum Beispiel Ihre Sprechweise betrifft, sollten Sie – frei wie Sie sind – *Kontraste* in jedem Sinne finden. Versuchen Sie, jedes einzelne Wort zu rechtfertigen, das führt zur grösstmöglichen Anzahl davon. Auch *psychologische Kontraste* müssen Sie anstreben. Ist etwa Ihre Figur in einer gewissen Stimmung, können Sie bei jedem Anlass das exakte Gegenteil davon herausarbeiten.

Das gilt auch für Ihre Bewegungen. Es reicht nicht, wenn Sie die ganze Zeit Ihre Hand in Ihrer Hosentasche haben.

Dann denken wir nur, Sie als Darsteller wüssten nicht, was Sie damit anfangen sollen. Sie müssen sich nicht dauernd bewegen, aber Sie sollten schon einen Moment finden, an dem Sie Ihre Hand aus der Hosentasche ziehen. Dieser Moment muss zu Ihrem Spiel gehören, sonst überzeugt er uns nicht. Wollen Sie keine grösseren Variationen Ihrer Bewegungen, so überlegen Sie wenigstens, wie Sie Ihre Arme und Hände einsetzen. Suchen Sie Kontraste in jedem erdenklichen Sinn.

Zweite Szene
ENTSPANNUNG

Ihnen beiden möchte ich sagen, dass Sie schauspielerisch wirklich begabt sind. Verlassen Sie sich auf Ihr Spiel und verkrampfen Sie nicht dabei. Es war schön, zu sehen, wie Sie auch ohne Text auf der Bühne die Spannung und die Aufmerksamkeit des Publikums halten konnten, weil Sie bestimmte Dinge ausführten. Ihr Problem ist jedoch, dass Sie nicht genug an sich selbst zu glauben scheinen oder dass Sie irgendwie falsch angeleitet wurden. Statt sich zu befreien, haben Sie sich gerade in den Momenten verkrampft, an denen Sie hätten frei sein sollen. Versuchen Sie einfach, Ihre Muskeln zu entspannen. Dabei werden Sie sich zunächst wie nackt vorkommen, aber Sie müssen durch die Phase hindurch, bei der Sie noch Angst empfinden, vielleicht zu frei zu sein.

Sie haben ein starkes, reiches und reizvolles Temperament. Wenn Sie bestimmte Gewohnheiten abstreifen, stellen Sie automatisch eine Verbindung zwischen sich selbst und dem Publikum her. Vielleicht denken Sie, das Publikum akzeptiert Ihre Kraft und Ihr Temperament nur, wenn Sie sie ihm aufzwingen. Sie wissen instinktiv um Ihre Kraft auf der Bühne, doch machen Sie bitte nicht den Fehler, sie dem Publikum aufzwingen zu wollen. Dieses Forcieren ist überhaupt nicht nötig.

Dritte Szene

INNERLICHES UND ÄUSSERLICHES SPIEL

Das war ein hervorragendes Beispiel für eine positive Herangehensweise. Beide Schauspieler hatten das Gefühl, dass es tiefere Ebenen in dieser Szene gab. Sie versuchten, immer tiefer zu graben und uns den Ernst der Situation vor Augen zu führen. Eine menschliche Ernsthaftigkeit. Nur haben Sie diese gute Arbeit verdorben, weil Sie grundsätzlich nicht wussten, was Sie auf der Bühne machen oder wie Sie diese tiefen Dinge ausdrücken sollen, die da irgendwo im Verborgenen lauern. Sie sind einfach nur dagestanden, und das geht auf der Bühne nicht, wo Sie vermitteln müssen, was Sie im Herzen tragen. Diese tiefen Verbindungen des Herzens – die haben Sie komplett gekappt, indem Sie äusserlich nichts spielten.

Wenn Sie uns nichts zeigen wollen, können Sie das Publikum nicht überzeugen, dass Sie es ernst meinen. Wir schauen Ihnen zu, also müssen Sie uns auch etwas fürs Auge und fürs Ohr anbieten. Sie haben an mein Herz appelliert, aber meine Augen konnten nichts erkennen. Was Sie innerlich hatten, vermittelte sich äusserlich nicht. Bei Ihrem Partner war es genau anders herum: Sie legten eine weitaus schmalere, gröbere und oberflächlichere Ausdrucksweise an den Tag, als es eigentlich Ihre Absicht sein konnte. Alle Ihre Repliken waren haargenau gleich. Ihr Herz wollte etwas Expressiveres, Lebendigeres ausdrücken, doch Ihre Form blieb dabei immer dieselbe. Sie führten verschiedene Gänge aus, aber mir hat sich nicht erschlossen, was sie mit Ihrem inneren Zustand zu tun haben sollten. Die Gänge waren nicht gefüllt, weil Sie nicht versuchten, eine

Verbindung zwischen Ihrem Herzen und Ihrem äusserlichen Ausdruck herzustellen. Sie haben die falschen Worte benutzt, nämlich oberflächlichere als beabsichtigt.

Vierte Szene
DIE INNERE KRAFT DES SCHAUSPIELERS

Sie haben viel Kraft und können einiges aus sich machen. Sie kriegen es hin, sich zu bewegen, zu sprechen, selbst zu fühlen. Sie organisieren sich gut, doch setzen Sie es falsch ein. Wenn ich ganz offen sein darf, erst einmal Folgendes: Ihr Auftritt war daneben. Lassen Sie mich das beschreiben. Wir Darsteller spielen manchmal auch in unserem Alltag, und das ist etwas sehr Abträgliches. Je mehr wir im Leben spielen, statt auf der Bühne, desto stärker vergeuden wir unsere innere Kraft.

Die Situation und Psychologie eines Schauspielers, der seine darstellerischen Fähigkeiten im Kreise seiner Freunde einsetzt, verstärkt seine Kraft nicht, sondern vermindert sie. Auf die Schnelle kann ich Ihnen das nicht beweisen, aber wenn Sie verstehen, was ich meine, werden Sie sich vornehmen: «Ich darf nicht spielen, wenn ich nicht auf der Bühne stehe.» Weder, um mich zu verstecken, noch um jemanden nachzuahmen; weder, um andere zu beeindrucken, noch um meine Freunde zu unterhalten. Das ist ein Verlust, und Sie werden dadurch auf der Bühne immer schwächer. Was Sie dort tun, erfordert grosse innere Kraft.

Fünfte Szene
DIE INDIVIDUALITÄT DES SCHAUSPIELERS

Sie besitzen eine bestimmte Sensibilität und wissen, was Komik auf der Bühne ist. Sie haben eine Ahnung davon, was Sie persönlich anstreben. Was Jugend ist und dargestelltes Leben. Wie man leicht und locker auf der Bühne wirkt. Sie wissen, wie man Sätze wegwerfend spricht und sie mit Bedeutung auflädt, gerade dadurch, dass Sie so wegwerfend gesprochen werden. Allerdings wissen Sie das zu gut und zeigen es uns zu aufdringlich. Sie beschränken sich auf drei Dinge, drei Ausdrucksweisen, dabei gibt es doch unzählige Mittel, um auszudrücken, nach was Sie sich sehnen. Sie setzen Dinge ein, von denen Sie sich sicher sind, dass das Publikum sie Ihnen abkaufen wird, aber das Publikum ist nicht der Richter. Es kann sehr irreführend sein. Sie müssen etwas Besseres finden: Ihr wahres Selbst.

Sie sollten Selbstkritik lernen und sich fragen, ob Ihre Mittel reichhaltig genug sind, um Ihre verborgenen Sehnsüchte auszudrücken. Und hier setzt etwas für Sie sehr Verwirrendes ein, was immer so bleiben wird, wenn Sie es nicht abstellen: Sie interpretieren das Gelächter des Publikums falsch. Wenn es über den Text des Autors lacht, denken Sie, es lache über Sie. Sie müssen klar etablieren, ob Sie selbst komisch spielen oder die Komik des Autors bedienen. Sonst verlieren Sie die Kontrolle. Es muss Ihnen immer klar sein, ob das Gelächter Ihnen gilt oder dem Autor. Heute war der Autor unterhaltsamer als Sie. Sie werden enorm davon profitieren, wenn Sie Ihre eigene Komik finden, ohne auf die des Autors angewiesen zu sein.

Sechste Szene
RHYTHMUS UND METRUM

Es würde Ihnen guttun, weiter an dieser Szene zu arbeiten und dabei zwei Dinge zu unterscheiden: den Rhythmus und das Metrum. Das Metrum hatte Sie ein wenig mehr im Griff als der Rhythmus. Der Unterschied liegt im Gefühl. Das Metrum ist immer etwas, das Sie nicht einfach so heraushämmern können, egal ob es 1, 2, 3 oder anders lautet. Das ist noch kein Rhythmus, und dieser muss immer dem Metrum zugrunde liegen. Das geht folgendermassen: Sie können den Rhythmus mit Ihren Armen und Händen oder anderen Körperteilen ohne alle Metrik ausdrücken. Gelingt Ihnen Ihre komplette Textstelle ausschliesslich mit Ihren Armen und Händen, so haben Sie diesen Rhythmus erreicht. Wenn Sie allerdings diese grosse innere Welle ignorieren und sich bei Ihrer Sprechweise und Psychologie einzig auf 1, 2, 3 verlassen, unterwerfen Sie sich diesem Metrum, und alles klingt nur nach klipp-klapp, klipp-klapp wie bei einer Nähmaschine. Finden Sie eine reale, konkrete Geste ohne Herumgefuchtel mit Ihren Armen und Händen während der gesamten Textstelle, sprechen Sie Ihre Worte innerlich gefüllt. Haben Sie erst einmal genug solcher Gesten zum Ausdruck der Bedeutung und der Emotion des Textes, können Sie auch das Metrum einsetzen, wie immer Sie es wollen, und es wird nicht länger mechanisch klingen.

DER GEGENWÄRTIGE ZUSTAND DES THEATERS – WAS KANN MAN TUN?

Vortrag für «Labor Stage» am 12. April 1942

- DAS RUSSISCHE THEATER WÄHREND DES ERSTEN WELTKRIEGS
- DER GEGENWÄRTIGE ZUSTAND DES THEATERS
- ZEIT FÜR DIE VORBEREITUNG DER ROLLE
- ZEIT ZUR ERSCHAFFUNG DER FIGUR
- SHAKESPEARES FIGUREN
- DAS STARSYSTEM
- ENSEMBLE- ODER GRUPPENGEFÜHL
- DER BERUF DES SCHAUSPIELERS
- DIE MACHT DER KRITIKER
- DAS THEATER DER ZUKUNFT

DAS RUSSISCHE THEATER WÄHREND DES ERSTEN WELTKRIEGS

Ich würde Ihnen gerne vom russischen Theater zu Beginn des Ersten Weltkriegs erzählen. Damals bestand die Hauptaufgabe des Theaters im Prinzip darin, der Armee zu dienen, und wir traten alle, wo immer es möglich war, an der Front auf. Ausserdem spielten wir in verschiedenen Fabriken und hielten Reden an die Arbeiter und Soldaten. Wir offerierten jede Art von theatralischer Aktivität, die uns sinnvoll schien. Mir fiel auf, dass sich weder die Soldaten noch die Arbeiter sonderlich für die Stücke interessierten, in denen wir ihnen den Krieg selbst zeigten. Sie wollten Aufführungen sehen, die überhaupt nichts mit dem Krieg zu tun hatten. Bei Publikumsgesprächen in den Fabriken versuchten die Arbeiter immer, uns mit ihren Fragen weg von diesem Thema zu lenken. Das nur als Aperçu zur Frage, wie wir die Kriegsanstrengungen unterstützen können.

DER GEGENWÄRTIGE ZUSTAND DES THEATERS

Nun zu unserem Hauptthema. Wenn man das Theater liebt und eine Vision dafür hat, kommen einem zwei Dinge in den Sinn: Zum einen eine knallharte, offene und vielleicht nicht gerade angenehme Kritik des Theaters in seinem derzeitigen Zustand, zum anderen die Frage, wie man Abhilfe schaffen kann. Ich werde versuchen, wo immer möglich, diese beiden Dinge zusammenzudenken.

Erst einmal berührt es mich ausgesprochen schmerzlich, wenn ich sehe, dass die treibenden Kräfte des Theaters, der Schauspieler und der Regisseur, zu Sklaven seiner derzeitigen Strukturen geworden sind. Ich bezweifle, dass wir Darsteller und Regisseure tun, an was wir glauben. Das ist uns nicht möglich. Von allen Seiten, in verschiedenen Verkleidungen und Masken, hören wir immer nur eins: «Ihr dürft dieses nicht machen und jenes nicht machen, das geht einfach nicht, ist nicht richtig, so läuft das hier nicht.» Ständig müssen wir uns das anhören, tun aber *im* Theater nichts *für* das Theater.

ZEIT FÜR DIE VORBEREITUNG DER ROLLE

Vorweg muss ich sagen, dass ich über dieses Thema nur ganz allgemein sprechen kann, weil ich nicht kompetent dafür bin, meine Argumentation wird jedoch trotzdem deutlich werden. Wir dürfen ein Stück nicht länger untersuchen und proben als gerade mal vier oder fünf Wochen. Wäre das unser eigener Wunsch als Darsteller und Regisseur, sollte ich jetzt ganz ruhig sein, ich bin mir aber sicher, dass dieser Zustand einer der derzeit tödlichsten im Theater ist. Als Schauspieler vermag ich nicht zu glauben, dass ich tatsächlich in der Lage sein soll, eine Rolle in fünf Wochen zu gestalten. Ich kann mich nur darüber hinwegtäuschen, und das tun die meisten von uns auch, indem sie diese viel zu kurze Probenzeit akzeptieren. Was lässt sich denn in fünf Wochen erreichen? Wir holen alle unsere alten Gewohnheiten und Klischees hervor und arrangieren sie ein wenig um, doch das ist kein kreativer Prozess, und wir unternehmen nicht einmal den Versuch, eine völlig neue Figur zu erfinden, weil wir insgeheim wissen, dass keiner in fünf Wochen etwas richtig Neues erfinden kann.

ZEIT ZUR ERSCHAFFUNG DER FIGUR

Sie sagen jetzt vielleicht, dass bei modernen Figuren, die von zeitgenössischen Dramatikern geschrieben wurden, gar nicht mehr als fünf Wochen nötig sind. Schliesslich handelt es sich um uns vertraute, nahe Figuren. Das wäre ein grosser Denkfehler. Keine Figur ist nahe an uns dran, bevor wir uns nicht selbst in sie verwandelt haben; und in fünf Wochen können wir uns nicht in einem Ausmass verändern, das uns gestattet, etwas Neues zu sagen, etwas Interessantes und Aufschlussreiches für das Publikum, während wir diese moderne, angeblich wohlbekannte Figur spielen.

Dabei kommt nur eine Art Foto heraus. Porträtieren wir innerhalb von fünf Wochen eine der Figuren eines zeitgenössischen Dramatikers, liefern wir eine fotografische Abbildung der Vorlage des Autors, und fast immer ist es meiner Erfahrung nach so, dass sie der unseren überlegen bleibt, weil er sich mehr Zeit dafür nahm. Er hat von seiner Kreation geträumt, mal wütend, mal zufrieden, aber er hat sie hingekriegt, ohne dass man ihm sagte: «Du kriegst fünf Wochen und dann ist Schluss!» Wir glauben dagegen, mit unserer fotografischen Abbildung hätten wir den Worten des Autors etwas hinzugefügt. Das denke ich keineswegs, und manchmal ruinieren wir sogar die Vorlage des Autors.

SHAKESPEARES FIGUREN

Wenn man in Shakespeares Stücken Macbeth oder irgendeine andere Figur in fünf Wochen gestalten könnte, müsste man Shakespeare vergessen. Der Schauspieler wäre dann vielleicht hervorragend, Shakespeare jedoch grottenschlecht. Wenn Shakespeare nicht in der Seele des Schauspielers neue Dinge zum Schwingen bringt, die ihm nicht bewusst waren, bevor er die Rolle annahm, taugt Shakespeare nichts und der Schauspieler auch nicht. Shakespeares Stücke müssen in jedem Jahrhundert neu entdeckt werden, in jeder Phase, an jedem Tag, den wir neu erfahren. Er ist wie eine Mine, die noch nicht explodierte.

Jeder von uns Schauspielern kann bei Shakespeare Dinge entdecken, die neu für Shakespeare und für uns als Schauspieler sind. Wie Othello Desdemona liebt – dazu sollen wir in fünf Wochen eine Vorstellung entwickeln? Wir wissen, wie wir selbst lieben oder geliebt haben, aber keiner von uns ist ein Othello. Das Problem liegt schliesslich darin, warum Othello verliebt ist und warum er aus Eifersucht die Sätze sagt, die er sagt. Es reicht nicht, unsere eigene Fähigkeit zu nehmen, ein Mädchen zu lieben, Othellos Worte hinzuzufügen, beides künstlich zusammen zu bringen und uns vor Publikum auf eine Bühne zu stellen. Das führt zu blankem Chaos. Entweder dürfen wir die Rolle gar nicht erst annehmen, oder wir müssen Othellos Liebe finden, die von der unsrigen grundverschieden ist. Dazu braucht man weit mehr als fünf Wochen, ich kann nicht einmal genau sagen, wie lange man braucht. Erst dann werden Othellos Worte die des Darstellers, und er kann ja den Othello ohne diese Worte überhaupt nicht spielen. Versuchen wir einmal die Gedanken eines imaginären Schauspielers zu lesen, der sich fünf Wochen auf die Rolle des Othello vorbereitet hat und jetzt die Worte Othellos spricht, so entdecken wir wahrscheinlich, dass er sich sagt: «Zum Teufel mit diesen Worten – ich kann das alles sehr viel besser auf meine eigene Art ausdrücken.»

Das sollte Grund genug sein, die fünf Wochen Probenzeit als Unsinn zu entlarven. Ich glaube nicht an sie, und ich denke nicht, dass das Theater sich je sinnvoll weiterentwickelt, ohne diese zeitliche Barriere zu durchbrechen. Natürlich ist das das Problem von Gewerkschaften usw., und in diesem Bereich bin ich nicht kompetent, ich weiss allerdings, dass all diese Dinge wichtig sind, wenn es um die zeitliche Begrenzung unserer Arbeit geht.

Ausserdem besitzt die Theaterkasse enorme Macht – alle diese Leute mit einer Theaterkassen-Mentalität –, diese Mentalität killt wirklich nicht nur alle Anstrengungen des Schauspielers, sie verändert auch unsere Psychologie und sie kostet unser Geld. Wir beginnen, an die Theaterkasse zu glauben, sie wird für uns zu einer Autorität, und das ist noch weit gefährlicher, als *Othello* in fünf Wochen zu proben. Man wird immer blinder und redet sich ein, es sei richtig, dass das Stück ein Erfolg werden und Geld einspielen müsse – für wen auch immer, das wissen wir nicht. Wir brauchen nur eine vernünftige Theaterkasse, und alles wird okay sein. Das ist es aber nicht ansatzweise.

DAS STARSYSTEM

Jetzt zu unserem zweiten Punkt: dem Starsystem. Darin liegt eine weitere Gefahr. Keiner kann behaupten, es gebe keine Stars oder es sollte keine geben. Ganz im Gegenteil. Es gibt Stars, weil es so viele begabte Schauspieler gibt, und es muss sie geben. Für diese Stars gilt jedoch wieder eine dieser stillschweigenden Verabredungen. Der moderne Star ist ein Isolationist. Seine Psychologie lautet: «Nur nicht stören.» Und die Psychologie von uns allen, die wir den Star umgeben, lautet: «Wenn ich etwas veranstalte, lacht das Publikum vielleicht.» Das ist für beide Seiten der falsche Ansatz. Für die Stars, weil sie psychologisch und künstlerisch verrotten, sozusagen alleine in der Wüste, und für uns in ihrer Umgebung, weil wir denken, es sei unsere angestammte Aufgabe, den Stars zu dienen.

Nicht jeder, der die Bühne betritt, kann ein potentieller Star sein. Selbst wenn unsere Aufgabe nur darin besteht, die Bühne zu betreten und zu sagen «Die Pferde sind gesattelt», verleihen dieser Satz und dieser Auftritt dem Schauspieler das Recht, angemessen und korrekt aufzutreten und auf der Bühne präsent zu sein, genauso wie es der Star ist. Grundsätzlich – nicht nur in einem derart extremen Fall, wenn man kaum etwas zu sagen hat –, grundsätzlich hat jeder Darsteller das Recht auf eine ausreichende Probenzeit, auf die Aufmerksamkeit des Regisseurs und des Publikums und auf eine völlig harmonische Verbindung mit seinen Partnern auf der Bühne, einschliesslich des Stars.

ENSEMBLE- ODER GRUPPENGEFÜHL

Das Ensemble- oder auch Gruppengefühl, wie wir es nennen könnten, ist eines der wichtigsten und inspirierendsten Dinge für uns als Schauspieler. Ohne dieses Gefühl und die Freude daran, zusammen zu sein und gemeinsam etwas zu erschaffen, haben wir noch nicht die Gelegenheit erhalten, unseren Beruf in seinem ganzen Ausmass zu geniessen und zu entwickeln. *Das Theater ist nämlich ein Beruf*, und vielleicht der einzige neben dem des Orchestermusikers, bei dem jeder mit allen anderen im Gleichklang sein muss. Ist diese Möglichkeit nicht vorhanden, können Sie sich leicht vorstellen, welche negativen Auswirkungen das auf unsere Psyche hatte und hat. Wir meinen, der Star besitze das Recht, das psychologische Recht, alleine dazustehen, ohne dass wir das Recht hätten, mit ihm und allen anderen verbunden zu sein. Dieses Gift schleicht sich bereits in unser Gehirn, und wir beginnen, an diese Form zu glauben, den Schauspieler zu isolieren – auf der einen Seite der Star und auf der anderen die Sklaven oder Diener, die demütig sein sollen, weil sie selbst kein Star sind. Wenn wir das im Theater glauben, blenden wir uns selbst.

DER BERUF DES SCHAUSPIELERS

Wir müssen unseren Beruf und unsere Kunstform weiterentwickeln. Es ist eine grossartige Kunstform, vielleicht die grösste überhaupt, weil das Instrument, auf dem wir spielen, wir selbst sind, mit unseren Gedanken, Gefühlen, Willensimpulsen, Emotionen – unserer Freude, unserem Schmerz, unserer Liebe, unseren vergessenen und noch kommenden Tragödien –, das gibt es nirgendwo sonst. Selbst die Geige, die ja so ein zartes und subtiles Instrument ist, lässt sich nicht mit uns vergleichen. Ich glaube also, dass unsere Kunstform die grösste von allen sein kann, dafür müssen aber bestimmte Trugschlüsse und psychologische Fehler ausgemerzt werden. Einer davon besteht, wie gesagt, darin, dass wir der Theaterkasse zuliebe spielen sollen und nur fünf Wochen proben dürfen. Ein zweiter ist der Zwang, isoliert zu sein und dem Star zu dienen, der wiederum selbst isoliert bleibt.

DIE MACHT DER KRITIKER

Mein dritter Punkt lautet, dass es uns im modernen Theater nicht gestattet wird, dem Publikum direkt gegenüberzutreten. Zwischen uns und dem Publikum steht eine Stuhlreihe voller Kritiker, die dem Publikum Befehle erteilen. Sie sagen ihm, was es sich morgen im Theater ansehen soll, und das Publikum glaubt ihnen. Sie erlauben es ihm nicht, seine eigene Meinung zu haben über das, was es morgen auf der Bühne sieht. Wenn Herr So-und-so geschrieben hat, eine Inszenierung sei schlecht, findet das arme Publikum sie auch schlecht. Die Kritiker halten es von uns fern, wir bekommen es gar nicht richtig zu Gesicht, weil es nicht den Mut zur eigenen Meinung besitzt. Was kann man da auf der Bühne tun? Das Publikum ist dort, wir sind hier und wissen, es nimmt nichts von der Bühne mit; und wir selbst bekommen rein gar nichts vom Publikum zurück – weder Inspiration, noch Liebe oder Selbstvertrauen –, weil es sich seine Reaktion auf die Aufführung von den Kritikern vorschreiben liess.

Wir Schauspieler wissen nur allzu gut, wie destruktiv vernichtende Urteile für unsere Seele und das Bewusstsein des Publikums sein können, doch sie werden einfach akzeptiert. Das ist so offensichtlich, dass ich es gar nicht weiter auszuführen brauche, aber es ist nun einmal mein dritter Punkt, und er stellt mehr als nur eine Gefahr dar. Eine Gefahr lässt sich vermeiden, eine Tatsache dagegen nicht, und es handelt sich bereits um eine Tatsache. Die Zeitungen ermorden uns jeden Tag. Ganz gleich, ob der Kritiker behauptet, eine schlechte Inszenierung sei gut oder eine gute Inszenierung sei schlecht. Es besteht nicht der geringste Anlass zur Freude, wenn etwas Schlechtes gelobt wird und die Theaterkasse davon profitiert. Das ganze System ist ein mörderisches.

Der Glaube des Publikums an die Kritiker ist schädlich und lässt sich nicht so leicht kurieren, und jetzt fangen *wir* auch noch selbst an, ihnen zu glauben. Hebt oder senkt der Kritiker den Daumen, beginnen wir, das für bare Münze zu nehmen, darin liegt unsere Geisteskrankheit. Wir müssen uns selbst heilen und finden und mutig genug sein, zu sagen, etwas sei schlecht, genauso wie wir uns trauen sollten, fröhlich zu sagen, etwas sei gut, weil wir es glauben. Natürlich spielen dabei viele Dinge hinein. Von denen hängen wir ab – wir müssen unseren Ehrgeiz, unsere Familie, unsere Schwierigkeiten in Betracht ziehen. Das kommt den Kritikern zupass und macht sie stärker, und wir müssen ihnen dann wiederum zuhören und mehr gehorchen, als es uns lieb sein kann.

DAS THEATER DER ZUKUNFT

Drei Dinge: 1.) zu wenig Zeit für Proben und Vorbereitung sowie das Theaterkassen-Problem; 2.) der Star und die isolationistische Psychologie, 3.) die Kritiker – diese drei Dinge sind fest verwurzelt in unserem modernen kulturellen Leben und lassen sich selbstverständlich nicht über Nacht verändern. Verändert werden können Sie aber schon, und ich glaube selbst fest daran, dass sie verändert werden. Nur wie?

Der einzige Weg, den ich sehe, ist ein langer Weg, jedoch immer noch ein Weg. Man muss rechtzeitig eine Gruppe von Schauspielern oder mehrere Gruppen von Schauspielern finden, die sich erst einmal unter Schmerzen klar darüber werden, wie ihre eigene Lage und die Lage des Theaters aussehen. Das Nachdenken darüber, die Erkenntnis der bereits erwähnten und weiterer ähnlicher Tatsachen tut weh, aber ohne Schmerzen wird es eh nichts werden. Es könnte gelingen, wenn sich diese Gruppe unter Schmerzen und Verzweiflung zusammengetan hat und gemeinsam versucht, ideale Aufführungen zu erarbeiten, ideal in jeder Hinsicht. Jeder könnte sein eigenes Ideal haben, und so gut wie jedes Ideal wäre okay, solange die Gruppe von Darstellern gemeinsam darauf hinarbeitet. Und ihre Arbeit dann öffentlich zeigt.

Wenn wir kein Geld haben und uns auch niemand finanziell unterstützt, spielen wir eben in einem kleinen Raum, einer Cafeteria, ohne Kostüm und Maske, einfach, um unsere gewaltige Sehnsucht zu demonstrieren, diese Schwierigkeiten zu überwinden, all die Einflüsterungen, wir dürften dieses oder jenes nicht. Wenn dieser starke Geist vorhanden ist, ausgedrückt und aufrechterhalten wird, solange es nötig ist – und das kann ganz schön lange sein –, wenn dieses neue Leben und dieser neue Geist, der einerseits aus dem Schmerz, andererseits aus der Inspiration, das Theater der Zukunft zu entwickeln, hervorgehen muss – wenn diese Aufgabe von einer Gruppe von Darstellern, von *Pionieren*, in Angriff genommen wird, dann glaube ich an alles. Und es ist mir völlig gleich, ob das morgen geschieht oder in zehn, zwanzig, fünfzig Jahren. Ich selbst bin dann tot und erlebe dieses grossartige Ereignis nicht mehr – sei's drum. Es ist nicht wichtig, wer es erlebt, es ist wichtig zu wissen, dass es eintritt und der Schauspieler mit all seinen Rechten ein Theater erschafft, das sich zu erschaffen lohnte.

DER SCHAUSPIELER IM HEUTIGEN THEATER

Vortrag am Hunter College am 16. April 1942

- DER SCHAUSPIELER IM HEUTIGEN THEATER
- DER SCHAUSPIELER UND DER ZEITGENÖSSISCHE DRAMATIKER
- DIE NOTWENDIGKEIT EINER SCHAUSPIELMETHODE
- DER SCHAUSPIELER VON HEUTE
- UNSERE METHODE
- SICH DIE FIGUR VORSTELLEN
- DAS INNERE LEBEN DER FIGUR
- DAS UNABHÄNGIGE LEBEN DES BILDES
- DER SCHAUSPIELER UND SEINE KREATION
- FRAGEN UND ANTWORTEN

Was denken wir im Allgemeinen über das Theater? Wozu ist es da? Wir haben uns daran gewöhnt zu glauben, es sei für uns Schauspieler da, um uns die Gelegenheit zu geben, bestimmte Dinge zum Ausdruck zu bringen – die Vorstellungen des Autors und unsere eigenen Gefühle, Gedanken und Willensimpulse mittels der Worte des Autors. Das stimmt natürlich, doch ich fange an, daran zu zweifeln, dass es auf unsere Zeit genauso zutrifft wie auf die Zeit vor zehn, fünfzehn, zwanzig Jahren. Ich denke, die *damaligen Schauspieler* trugen viele Dinge in sich, die sie zum Ausdruck bringen konnten, aber verzeihen Sie mir, wenn ich das sage, ich bezweifle, dass wir im Augenblick überhaupt gross etwas auszudrücken haben.

Unser Leben ist an einen Punkt gekommen, wo wir uns verpflichtet fühlen, Dinge auszudrücken, die wir in uns tragen, und uns selbst darüber klar zu werden. Wir besitzen gewisse Gefühle, Meinungen, Sehnsüchte, doch wir modernen Menschen haben Angst vor unseren Gefühlen und Gedanken und werden immer gleichförmiger. Mit einer derartigen Geisteshaltung können wir leider auf der Bühne nicht allzu viel vermitteln.

DER SCHAUSPIELER IM HEUTIGEN THEATER

Lassen Sie uns über Dinge reden, die sich im Moment ereignen, und fragen wir uns ehrlich und ohne Furcht, ob wir wirklich emotional nachvollziehen können, was gerade auf den Philippinen, auf Java, in Australien passiert? Ich denke, nein. Wir wissen es, okay, aber dass wir es *fühlen*, bezweifle ich sehr. Vermöchten wir uns nämlich wirklich vorzustellen, was dort abläuft, könnten wir nicht einfach so weiterleben, wie wir es tun. Das ist ein Beleg für unsere *fehlende Imagination*. Ich spreche hier über Schauspieler – schliesslich ist dies kein politischer

Vortrag. Ich spreche über Schauspieler, weil sie die Hoffnung haben, von der Bühne herunter Dinge vermitteln zu können. Jeder, der ein Schauspieler sein oder bestimmte andere Aufgaben im Theater erfüllen will, muss sich neu klar werden über seinen eigenen inneren Zustand, sofern er wirklich im heutigen Theater tätig sein will.

Der Darsteller, der unfähig ist zu weinen, wenn er sich all die Mütter und Jungen und Mädchen auf den Philippinen vorstellt – sie sich so konkret vorstellt, dass es umgehend sein Leben verändert, jedenfalls sein inneres –, was kann dieser Schauspieler schon auf der Bühne ausdrücken? Welche Gefühle? Das einzige, was uns heute übrigbleibt, sollten wir uns all diese Mütter, Schwestern, Bräute und Jungen dort nicht vorstellen können, besteht darin, auf der Bühne von einem Stuhl zu einem anderen Stuhl zu gehen, «Hallo» und «Tschüss» zu sagen, und der Vorhang fällt.

DER SCHAUSPIELER UND DER ZEITGENÖSSISCHE DRAMATIKER

Soll so das der heutigen Zeit angemessene Theater aussehen? Das bezweifle ich. Was aber noch nicht heisst, dass wir Stücke brauchen, die sich mit diesem Krieg befassen. Das ist nicht nötig. Wir wissen Bescheid über den Krieg, wissen alles über ihn, man muss uns nicht auch noch etwas von der Bühne herunter über ihn erzählen. Es wäre zu primitiv, eine Zeitung in die Hand zu nehmen und ein Stück daraus zu machen. Diese Form von Worten meine ich nicht, mir geht es um die Art und Weise, wie wir Schauspieler – wenn wir uns wirklich vorzustellen vermögen, was auf den Philippinen los ist – auch nur «Hallo» auf der Bühne sagen. Ich meine die Seele des Schauspielers, die auf der Bühne präsent sein muss, egal welche Worte Sie zu sprechen haben, seien es die Shakespeares oder Ihre eigenen. Wenn wir manchmal alleine weinen über diese Mütter, Bräute und jungen Männer, könnten wir selbst aus William Saroyans Stücken [US-amerikanischer Schriftsteller armenischer Herkunft, 1908–1981; Anm. d. Hg.] noch etwas machen, das dem Publikum etwas Ungreifbares, Unaussprechliches vermittelt, das heute aber dringend notwendig ist.

Leider denkt das moderne Publikum wie wir und fragt sich nur, ob das Stück gut oder schlecht sei. Das ist falsch gedacht. Das Stück ist wichtig, aber nicht *heute*. Heute geht es darum, wen ich als Publikum auf der Bühne vor mir habe, dieses lebendige Wesen, dessen Ausstrahlung sich mir mitteilt, dessen Stimme ich höre, dessen Körper ich sehe – das sind dann der Schauspieler und das Theater oder auch nicht.

DIE NOTWENDIGKEIT EINER SCHAUSPIELMETHODE

Deshalb glaube ich, man muss eine Methode finden – eine Methode für Schauspieler, die zwei Zwecke erfüllt: Zum einen, sich zu fragen, wie man bestimmte im Stück angelegte Dinge vermittelt. Der andere Teil dieser Methode muss jedoch dem Darsteller die Mittel an die Hand geben, sich selbst zu finden, seine Gefühle zum Leben zu erwecken, seine Sorgen, seine Freude, seinen Willen, seine Gedanken, seine Imagination und seine Fähigkeit, all das durch das Stück ausdrücken zu können.

Wir wissen zum Beispiel, dass Hitler der Teufel der heutigen Zeit ist, aber einige von uns wagen es nicht, sich Hitler vorzustellen, weil es etwas Erschreckendes sein kann, sich sein Wesen wirklich auszumalen. Versuchen wir es, so kostet uns das sicherlich einige schlaflose Tage und Nächte, doch wir erfahren etwas dabei, nicht in unseren Köpfen – in denen wissen wir nämlich alles und nichts –, sondern in unseren Herzen. Wenn wir an Hitler denken, gilt: Solange wir ihn nicht kennen, dürfen wir auch noch nichts über ihn ausdrücken. Wir müssen es in unserem Herzen wissen. Wir bekommen dadurch zwar schlaflose Nächte, aber haben wir ihn erst einmal bis in die tiefsten Tiefen kennengelernt, fangen wir an, etwas gegen ihn zu unternehmen. Ergreifen wir jede Gelegenheit, auf der Bühne etwas gegen den «Hitlerismus» zu unternehmen, in unserem Privatleben, überall, wird unser *Wille* geweckt, und dieser Wille und unser Herz sind die einzigen Mittel, ein Schauspieler zu werden. Ein Schauspieler im höchsten Sinne des Wortes, jemand, den alle bewundern können.

DER SCHAUSPIELER VON HEUTE

Wir heutigen Schauspieler verstehen Dinge intellektuell, das ist ein kalter Vorgang, und wir vollführen lediglich oberflächliche Dinge auf der Bühne. Wir tippen Probleme an, ohne sie richtig zu *kennen*. Wir kommen mit Vorgängen zurecht – ich kann auf der Bühne herumgehen und rauchen –, aber das alles ist reine Oberfläche und bedeutet gar nichts. Versuchen wir uns auf der Bühne auszudrücken und bleiben dabei an der Oberfläche, wird uns niemand bewundern, ob sie uns das ins Gesicht sagen oder nicht. Ganz unverblümt gesagt: Heute hat keiner Respekt vor uns Schauspielern, und das ist nur allzu verständlich. Was machen wir denn? Studieren, wie Sie es tun? Eine Familie gründen? Nein. Clowns sind wir, und nicht einmal gute. Der moderne Schauspieler ist im Allgemeinen gar nichts. Wir sind Leute, die dem Erfolg hinterherrennen, hoffen, Stars zu werden, und dabei vergessen, dass es Tausende von Stars gibt. Solche primitiven Illusionen prägen und leiten unser Leben; kein Wunder, dass uns niemand respektiert. Begegnet man uns höflich, bedeutet das noch lange nicht, dass man uns Respekt bezeugt. Auf die Bühne zu dürfen, heisst für den Darsteller noch gar nichts. Jemand hat mir berichtet, wie er einen Produzenten am Telefon den Satz sagen hörte: «Doch, doch, ich bin zu allen höflich – selbst zu den Schauspielern.»

UNSERE METHODE

Er hatte Recht, dieser Produzent, denn was bekommt das Publikum schon von uns? Wir unterhalten es, aber Entertainer ist nicht gerade der nobelste Beruf. Daher müssen wir etwas in uns selbst finden, das wir zum Ausdruck bringen können, und *dann* erst ans Spielen denken, wir müssen die Stücke benutzen, um uns selbst *durch* sie auszudrücken.

Ein Stück lesen kann ich für mich zu Hause. Was ich sehen will, ist jedoch, wie dieser oder jener Darsteller Gefühle, Wünsche und Bilder mittels des Stücks interpretiert. Die *Interpretation des Schauspielers* will ich sehen und nichts anderes. Wir müssen also zunächst einmal uns selbst finden und eine Methode, die zwei Dinge erreicht: uns zu befähigen, Dinge auszudrücken, und uns zu helfen, diese Dinge in uns selbst zu finden. Diese Methode versuche ich, den Kollegen zu vermitteln, mit denen ich in Kontakt komme, sei es in meiner Schule in Dartington in England, sei es in der Schule hier in Ridgefield. Derzeit arbeite ich mit einer grossen Gruppe von Broadway-Schauspielern, die meine Methode zu akzeptieren scheinen, weil sie in ihrem Beruf weiterkommen wollen. Vielleicht täusche ich mich ja, aber in der mehrmonatigen Arbeit mit diesen Broadway-Darstellern spüre ich ein echtes Interesse ihrerseits, und das macht mir Mut.

SICH DIE FIGUR VORSTELLEN

Lassen Sie mich Ihnen in wenigen Worten umreissen, welche Punkte dieser Methode den Schauspielern die Möglichkeit eröffnen, sich selbst zu finden. Erstens – es gibt viele dieser Punkte, aber ich konzentriere mich auf einige wenige –, erstens streben wir an, eine wirklich lebendige *Imagination* zu entwickeln. Dadurch hört der Darsteller auf, Dinge nur intellektuell zu verstehen, und fängt an, sie zu sehen, zu visualisieren und schliesslich zu imaginieren. Durch diese besondere Art der Imagination verliert er nicht etwa sein Verständnis der Dinge, sondern versteht sie sogar besser. Ich definiere Ihnen kurz diese Imagination. Mittels der Übungen, die ich den Beteiligten vorschlage, kann sie in einem Ausmass trainiert werden, dass wir Dinge wirklich vor unserem inneren Auge zu sehen vermögen und ein Bild entsteht – etwa das von Lady Macbeth. Sie verstehen Lady Macbeth und sehen Sie mehr oder weniger deutlich vor sich – wie sie aussieht, wie sie sich kleidet. Mit geschlossenen Augen können Sie sie gut sehen. Das ist die allererste, primitive Stufe, die noch weit von der tatsächlichen Imagination entfernt ist. Dennoch kommt der moderne Schauspieler nicht darüber hinaus. Und das reicht bei Weitem nicht.

DAS INNERE LEBEN DER FIGUR

Die zweite Stufe besteht darin, die Imagination weiter auszubilden, so dass Sie damit so klar sehen, wie ich Sie jetzt sehe. Das ist bereits etwas mehr, aber immer noch nicht genug. Die folgende Stufe bedeutet, dass Sie mit Ihrem inneren Auge *das Innenleben von Lady Macbeth sehen*. Wenn Sie Ihr vorgestelltes Bild betrachten, wissen Sie, was Lady Macbeth in einem bestimmten Moment denkt, ganz unabhängig vom Stück. Die Worte, die Shakespeare uns gegeben hat, stehen für sich, doch

Ihre eigene Vorstellung von Lady Macbeth ist das Einzige, was Sie auf der Bühne ausdrücken können. Es ist unmöglich für Sie, Shakespeares Lady Macbeth zu zeigen, weil die niemand kennen kann. Zeigen können Sie nur Ihre eigene Lady Macbeth – und das wird dann eine wahrhaftige und tiefgefühlte Lady Macbeth sein. Auf der Bühne Shakespeares Text zu sprechen, heisst noch nicht, die Lady Macbeth zu spielen. Es verwehrt uns den Zugang zu ihr, weil wir uns nicht trauen, unsere eigene Interpretation von Lady Macbeth zu finden. Der Weg, den ich hier vorschlage, führt uns zwar nicht in Shakespeares schwindelerregende Höhen, aber wenigstens sind wir damit ehrlich und vertiefen uns mit unserer Imagination, unserem Willen und unseren Impulsen völlig in Lady Macbeth.

Um an den Punkt zu gelangen, an dem wir unsere eigene Lady Macbeth gestalten können, müssen wir erst einmal unsere Imagination entwickeln. Schaffen wir es zu sehen, was sie in einem bestimmten Moment tut, vor unserem *inneren Auge* zu erblicken, was sie dabei gerade fühlt, geschieht ein Wunder. Wir fangen an, wie sie selbst zu fühlen, zu sehen und zu denken, und erwecken uns als Schauspieler. Wie Lady Macbeth fühlt, bevor sie mordet, können wir nicht wissen, bevor wir nicht selbst, in unserer lebendigen Imagination, ihr Gefühl nachvollziehen. Diese Entdeckung enthüllt uns noch nicht Lady Macbeth, sondern erst einmal uns selbst. Das ist der einzige Weg, auf dem wir uns zum Leben erwecken können, um anschliessend Lady Macbeth zu spielen, so nah an Shakespeare, wie das denkbar ist, so menschlich, so individuell, so profund wie möglich.

Die nächste Stufe – wenn Sie es geschafft haben, das *innere Leben der Figur* zu erblicken, auf die Sie sich vorbereiten – besteht darin, die Fähigkeit zu erwerben – und dazu gibt es Mittel –, das Bild zu verändern. Schauen Sie auf das Innenleben von Lady Macbeth, können Sie sie zum Beispiel fragen: «Wenn ich dich jetzt so sehe und was in deinem Kopf, in deinem Herzen und in deiner Seele vorgeht, würdest du mir dann vielleicht verraten, wie du an diesem entscheidenden Punkt deines Lebens dennoch zu lieben vermagst?» Dann werden Sie erleben, wie sich das Wunder Nummer zwei ereignet. Lady Macbeth zeigt Ihnen ihre seltsamen Geheimnisse, wie sie trotzdem liebt. Es fällt schwer, sich das vorzustellen, aber möglicherweise liebt selbst Hitler, nur wie? Mit Lady Macbeth ist es dasselbe. Fragen wir sie, wie sie liebt, zeigt sie es uns, demonstriert es vor unseren Augen. Auch diese Enthüllung können wir nicht ganz verstehen. Sie überfordert uns. Es ist ein kreativer Prozess, da die erwachte Imagination uns Dinge zeigt, die uns sonst nie und nimmer in den Sinn kämen.

Auf diese Weise können Sie Ihre imaginäre Lady Macbeth alles fragen, was Sie nur erfahren wollen, und sie wird antworten, vor Ihrem inneren Auge spielen, Ihren Wünschen entsprechend. Dann werden Sie sich selbst erkennen – Lady Macbeth offenbart Ihnen Ihr eigenes Selbst, und Sie enthüllen für sich die Psychologie von Lady Macbeth, weil Sie neue Augen, neue Ohren, ein neues Herz, einen neuen Willen, ein neues Gehirn als Schauspieler, als ein Schaffender, erhalten haben. Sie werden nicht länger damit zufrieden sein, nur zu *wissen*, was Lady Macbeth meint.

DAS UNABHÄNGIGE LEBEN DES BILDES

Die folgende Stufe führt zum Wunder Nummer drei. Das Bild, nachdem es sich bereits unter Ihrem Einfluss, unter Ihrem fragenden Blick, verändert hat – dieses Bild wird völlig unabhängig von Ihnen und erscheint vor Ihnen, wann immer es will. Es fängt an, für Sie zu arbeiten, selbst wenn Sie es vergessen, wenn Sie schlafen oder beschäftigt sind und an andere Dinge denken. Das Bild erscheint – vielleicht lesen Sie gerade ein Buch, das gar nichts mit dem Theater zu tun hat –, plötzlich spüren Sie, es ist ganz unvermittelt da. Reich, komplett, viel stärker, als Sie selbst es sind. Es handelt sich um ein Wesen, das Sie selbst erschaffen haben durch Ihre aktive künstlerische Anstrengung, mittels Ihrer hochentwickelten Imagination. Und nun kommt das Bild zu Ihnen, ist da, und Sie müssen ihm gehorchen. Sie legen Ihr Buch zur Seite, weil das Bild stärker ist als Sie. Sie müssen schauen, natürlich nicht mit Ihren tatsächlichen Sehorganen, aber Sie werden sehen, was Ihr Bild Ihnen offenbaren wird.

DER SCHAUSPIELER UND SEINE KREATION

Und dieses Wunder Nummer drei ist ein genussvoller Zustand. Sie können sich vorstellen, wie angenehm es sein wird, dass dieses Bild zu Ihnen kommt. Sie wissen ja, Sie haben es selbst erschaffen, aber jetzt ist es frei, und jeder Winkel seines Denkens liegt offen vor Ihnen zutage. Das Herz ist da, Sie wissen, was es fühlt, Sie beginnen, dasselbe zu fühlen, weil Sie schliesslich selbst das Bild sind, da Sie es erschaffen haben. Das Bild ist Sie – nicht physisch – es ist *Ihre kreative Fähigkeit, eine höhere Fähigkeit, ein Geschenk.* Nicht jeder kann es haben, sonst wären wir alle Shakespeares. Wenn Ihnen dieses Bild erscheint, werden Sie fürchterlich glücklich sein, es ist gleichzeitig jedoch auch eine schrecklich schmerzhafte Erfahrung – warum, weiss ich nicht, es ist einfach so.

FRAGEN UND ANTWORTEN

Sie verwenden den Begriff «Ausstrahlung»?

Was ich unter Ausstrahlung verstehe, ist die natürliche Fertigkeit auszustrahlen, im eigentlichen Sinn dieses Wortes, mit unserem Wesen auf alle anderen. Reden Sie beispielsweise mit jemandem und achten bewusst auf den Prozess, der dabei abläuft, werden Sie feststellen, dass Sie gar nicht aufhören können auszustrahlen. Wir achten nicht darauf, aber wenn wir Worte formulieren, drücken wir unsere Gedanken und schlichten Vorstellungen aus und meinen, das sei bereits alles. Das ist es jedoch mitnichten. Wir müssen einsehen, dass wir immer ausstrahlen. Selbst wenn unser Gegenüber uns gleichgültig ist und wir instinktiv wünschen, mit unserem Ausstrahlen aufzuhören, wird es zwar nach innen abgebogen, aber die äussere Höflichkeit bleibt. Wenn ich jemandem gewogen bin oder in ihn verliebt, geht die Ausstrahlung ungehindert weiter. Nicht nur weil ich Russe bin! Hier in Amerika fiel mir bei aller verbreiteten Höflichkeit auf, dass die Menschen sehr stark auf einen ausstrahlen und man selbst auf sie zurück. Diese Ausstrahlung ist voller Bedeutung und Inhalt, wenn man nur darauf achtet. Treffen Sie zum Beispiel jemanden und haben das Gefühl, die Ausstrahlung ist gegen Sie gerichtet, selbst dann können Sie noch erraten, was der Betreffende von Ihnen denkt. Vielleicht ist es einfach auch nur Angst: «Dieser verrückte Russe – den muss ich genau unter die Lupe nehmen!» Im Theater lässt sich Ausstrahlung kräftig und bewusst entwickeln, wodurch sie auf der Bühne zu einem starken Ausdrucksmittel wird, sobald der Schauspieler diese natürliche Fertigkeit zu beherrschen und zu organisieren gelernt hat.

Legen Sie mehr Wert auf den Aspekt des Fühlens als auf den des Intellektuellen?

Der Bereich des Gefühls ist der Bereich der Kunst. Hier gibt es die Wissenschaft, dort die Kunst und wieder woanders die Religion – die tiefste Ebene, auf der das ganze Wesen von dieser Lebensweise ergriffen wird…

NACHWORT

Michael Chekhov: The Actor is the Theatre ist der Name eines digitalisierten Archivs der University of Windsor im kanadischen Ontario, das 3600 Originaldokumente umfasst. Zusammengestellt wurde es von Deirdre Hurst du Prey (1906–2007), einer Schülerin und Assistentin Tschechows, die auch seine Methode lehrte. Beschrieben wird Unterricht, den Tschechow ihr und Beatrice Straight 1935 in New York erteilte, 1936 bis 1938 am «Chekhov Theatre Studio» im Herrenhaus Dartington Hall in Devon und 1940 bis 1942 in Ridgefield, Connecticut. Hinzu kommen die hier gedruckten fünf Vorträge für Schauspieler*innen 1942 in New York, die bis dato noch nicht publiziert wurden.

Während der Gründungsveranstaltung für das Archiv am 12. Dezember 2020 schilderte Pierre du Prey die Zusammenarbeit seiner Mutter mit Michael Tschechow und ihren Umgang mit den stenografierten Mitschriften, die in einer grossen Reisetruhe im Keller lagerten. 1961 erwog sie sogar kurz, sie zu verbrennen, brachte es aber nicht übers Herz: «Das war die Geburt des *The Actor is the Theatre*-Michael-Tschechow-Archivs.» Hurst du Prey fuhr «für mehrere Wochen nach Dartington Hall, um herauszufinden, was dort fehlte und was aus ihren eigenen Notizen rekonstruiert werden konnte». Erst zehn Jahre später, als sie selbst nicht mehr unterrichtete, nahm sie 1971 «die enorme Mühe auf sich, ihre Aufzeichnungen zu transkribieren und abzutippen». Ihr Ziel bestand darin, diese

544 Originaldokumente möglichst breit verfügbar zu machen. Das Archiv besitzt auch eine Fotosammlung mit Aufnahmen aus dem «Chekhov Theatre Studio» in Dartington Hall und Rollenporträts von Michael Tschechow.

Der Name, *The Actor is the Theatre*, bezieht sich auf den ersten New Yorker Vortrag, den Tschechow am 29. Januar 1942 für den «Actors' Service» hielt. Darin benennt er den/die Schauspieler*in als das massgebliche Element des Theaters. Diese Auffassung ist zentral für seine Vision eines idealen «Theaters der Zukunft», zu dessen Gründung er aufruft. Er konstatiert, es werde «in erster Linie aus mehr oder weniger begabten Schauspielern bestehen, dazu kommen der Autor und der Regisseur». Das Starsystem verwirft er zugunsten eines Ensembles von Gleichwertigen. Für Tschechow nimmt der Schauspieler der Zukunft Dinge wahr, «die über das Gewöhnliche hinausgehen», und er wird darstellen, was er «jenseits der Oberfläche entdeckt». Er bezeichnet ihn als «hellseherisch» und als die «Seele» des Theaters. Möglichst tief soll er in seine Rolle eintauchen, was sein inneres Leben kräftige und ihm ein grösseres Herz beschere. Tschechows Methode weist flachen Naturalismus genauso zurück wie die Tücken des emotionalen Gedächtnisses. In der Kunst müssen «unsere Gefühle sozusagen objektiv sein und nie rein privat». Dazu bietet er eine Reihe «einfacher Techniken» an, um den Schauspieler zu einer Wahrhaftigkeit auf der Bühne zu führen, die sich aus Bildern speist und nicht aus belanglosem eigenen Erleben.

Am Anfang steht die Konzentration, jedoch nicht das, was wir im Alltag darunter verstehen. Man benötigt «eine derartig weit entwickelte Wahrnehmungsfähigkeit, dass die Dinge (...) ihre verborgenen Seiten offenbaren». Sie führt zu einer Form der Imagination, die den Charakter einer Figur, «ihr Innenleben, ihre Gefühle, Gedanken, Willensimpulse» zeigt. Der Schauspieler stellt sich etwa König Lear vor und kann sich «innerlich auf ihn zubewegen, ihn umfassen, während er spielt, und *bei ihm sein*». Anschliessend geht es darum, sich die imaginierten Bilder einzuverleiben. Wenn «die Figur alles ist und der Schauspieler sich völlig objektiv betrachtet und nicht selbstbezogen, dann spricht die Figur aus ihm und agiert mit seinen Bewegungen». Das ist der Moment der Inspiration. «[D]ie Imagination endet, und die Inspiration ist da», heisst es im zweiten der New Yorker Vorträge. Im Vorwort zu *On the Technique of Acting* bemerkt Mala Powers, Tschechow habe ihr eine Zeichnung von eigener Hand überreicht, ein «Schaubild für inspirierte Darstellung»: «Inspired Acting» stand im Zentrum eines Kreises, der umgeben war von einer Zusammenfassung seiner Methode. Sobald die Inspiration «zuschlage», leuchten alle «technischen Glühbirnen» auf. Während dieses Prozesses sei der Schauspieler kein gewöhnlicher Fotograf, sondern ein «kreativer Künstler». Seine Aufgabe bestehe darin, «das Leben in all seinen Facetten und Tiefen zu interpretieren, sein Geheimnis zu enthüllen und es dem Publikum zu ermöglichen, die hinter der Oberfläche verborgene Bedeutung zu erkennen».

In ihrem Abriss der Geschichte des «Chekhov Theatre Studio» nannte Hurst du Prey als dessen Hauptziel, «den Kern der Absicht des Autors freizulegen, um tiefere Schichten des Textes und der Figuren zu entdecken». Das Material zu Tschechows Tätigkeit in Dartington Hall und in Ridgefield vermittelt detailliert die wesentlichen Konzepte und Techniken seiner Methode: das ideale Zentrum des Schauspielers, die vier Qualitäten in Form durchgehender Fähigkeiten (das Gespür für Leichtigkeit, das Gespür für die Form, das Gespür für Schönheit, das Gespür für das Ganze), die vier Qualitäten der Bewegung (formen, fliessen, fliegen, ausstrahlen), die Atmosphäre, der imaginäre Körper und das imaginäre Zentrum sowie sein bekanntestes Konzept, die psychologische Geste. Der besondere Wert der Dokumente liegt darin, dass sie Mitschriften von Tschechows Unterricht und Vorträgen sind. Sie gingen 1942 in die Fassung seines Buches *Michael Chekhov: To the Actor* ein, das damals von einer Reihe von Verlagen abgelehnt wurde. Tschechow übersetzte es ins Russische und veröffentlichte es 1946 unter dem Titel *O Tekhnike Aktera*. Über das 1953 schliesslich in den USA gedruckte *To the Actor* meinte Mala Powers in *On the Technique of Acting*, der Umfang sei deutlich reduziert, «vor allem in Bezug auf Tschechows spirituelle und künstlerische Erklärungen und Beispiele». Viele grundlegende Ausführungen zur psychologischen Geste fanden sich zwar in der Version von 1942, fehlten aber 1953. Das Archiv bietet nun Zugang zu Tschechows ursprünglicher Lehre über diese Konzepte, zusammen mit zahlreichen Übungen. Dadurch lassen sich die Lücken der späteren Fassung füllen.

Ihren Leser*innen versichert Hurst du Prey in *Lessons for Teachers*, alles sei «Originalton». Sie gab sich selbst den Spitznamen «der Schreibstift» («Ich hatte immer einen Stift in den Haaren stecken»). Hurst du Prey stenografierte Tschechows Unterricht und seine Probennotizen als Assistentin am Studio in Dartington Hall und in Ridgefield sowie als Zuhörerin bei den New Yorker Vorträgen. Dabei war sie weit mehr als eine blosse Stenografin. Wenn Tschechow nach dem richtigen englischen Wort suchte, «wandte er sich an mich, und ich konnte es ihm intuitiv sagen, so gut verstand ich seinen Gedankengang». Seine Abhängigkeit von ihr setzte sich in den Jahren fort, als sie ihm beim Manuskript von *Michael Chekhov: To the Actor* half. Damals war das Studio bereits aufgelöst und die USA am Zweiten Weltkrieg beteiligt. Zutiefst dankbar schrieb er ihr am 21. Februar 1946: «Mein Englisch ist immer noch schlecht, und einzig mein Vertrauen in dich und darauf, dass du mich verstehst, gab mir die Freiheit, mich ohne innere Anspannung auszudrücken.»

Besonders wertvoll sind die Dokumente zu Tschechows Tätigkeit in Dartington Hall, weil die geschäftlichen und administrativen Unterlagen aus der Zeit des Studios elf Jahre nach dessen Schliessung 1942 einem Brand zum Opfer fielen. Dadurch bleiben Hurst du Preys 58 Mitschriften der Kurse, sorgfältig auf dünnes Pergamentpapier getippt, der einzige Beleg. Kopien davon stiftete sie der New York Public Library, der New Yorker Adelphi University, der Harvard University, der University of Windsor, der Queen's University in Kingston, Ontario und dem Archiv der Grafschaft Devon. Allerdings wurde die Sammlung nur an der University of Windsor digitalisiert und damit Tschechows Lehre allen Interessierten weltweit kostenlos zugänglich gemacht.

Lionel Walsh
University of Windsor, Kanada

Lionel Walsh ist Professor für Schauspiel an der School of Dramatic Art der University of Windsor, Kanada. Er ist zertifizierter Lehrer der Michael-Tschechow-Methode und Gründungsdirektor des *The Inspired Acting Lab*. Er hat zahlreiche Workshops in Improvisation und Michael-Tschechow-Schauspieltechnik geleitet. Walsh ist Mitbegründer von *Michael Chekhov Canada* und Mitinitiator der Digitalisierung des Michael Chekhov Archivs an der Univeristät Windsor.

LITERATURNACHWEISE

Chekhov, Michael: *On the Technique of Acting*, Harper: New York, 1991.

Chekhov, Michael: *Lessons for Teachers of his Acting Technique,* Dovehouse Editions: Ottawa, 2000.

Chekhov, Michael: *To the Actor. On the Technique of Acting,* Routledge: London, 2002.

Michael Chekhov's Lessons for Teachers, Expanded Edition, Michael Chekhov Association, 2018.

Michael Chekhov: The Actor is the Theatre, https://collections.uwindsor.ca/chekhov

Michael Chekhov Launch Event video: https://vimeo.com/493156765

SUBTEXTE

Die Reihe *subTexte* vereinigt Originaltexte zu jeweils einem Untersuchungsgegenstand aus den beiden Forschungsschwerpunkten «Performative Praxis» und «Film». Sie bietet Raum für Texte, Bilder oder digitale Medien, die zu einer Forschungsfrage über, für oder mit Darstellender Kunst oder Film entstanden sind. Als Publikationsgefäß trägt die Reihe dazu bei, Forschungsprozesse über das ephemere Ereignis und die Einzeluntersuchung hinaus zu ermöglichen, Zwischenergebnisse festzuhalten und vergleichende Perspektiven zu öffnen. Vom Symposiumband bis zur Materialsammlung verbindet sie die vielseitigen, reflexiven, ergänzenden, kommentierenden, divergierenden oder dokumentierenden Formen und Ansätze der Auseinandersetzung mit den Darstellenden Künsten und dem Film.

In der Reihe *subTexte* sind bisher erschienen:

subTexte 01	Attention Artaud. Zürich 2008.
subTexte 02	Wirklich? – Strategien der Authentizität im aktuellen Dokumentarfilm. Zürich 2009.
subTexte 03	Künstlerische Forschung. Positionen und Perspektiven. Zürich 2009.
subTexte 04	research@film. Forschung zwischen Kunst und Wissenschaft. Zürich 2010.
subTexte 05	Theater – Vermittlung – Schule. Ein Dialog. Zürich 2011.
subTexte 06	Wirkungsmaschine Schauspieler. Vom Menschendarsteller zum multifunktionalen Spielemacher. Zürich/Berlin 2011.
subTexte 07	Ästhetische Kommunikation im Kindertheater. Zürich 2012.
subTexte 08	Akustik des Vokals – Präliminarien. Zürich 2012.
subTexte 09	Michael Tschechow. Lektionen für den professionellen Schauspieler. *Alexander Verlag,* Berlin 2013.
subTexte 10	Disembodied Voice. *Alexander Verlag,* Berlin 2015.
subTexte 11	Freilichttheater. Eine Tradition auf neuen Wegen. *hier + jetzt,* Zürich/Baden 2015.
subTexte 12	Acoustics of the Vowel. Preliminaries (Dieter Maurer). *Peter Lang,* Bern 2016.

subTexte 13 Wiederholung und Ekstase (Milo Rau, Rolf Bossart). *Diaphanes*, Zürich/Berlin 2017.

subTexte 14 Impro Talks. https://www.zhdk.ch/publikationsreihe-subtexte. *open access,* Zürich 2017.

subTexte 15 ausgewandert – eingetanzt (Fumi Matsuda). *Zytglogge*, Basel 2018.

subTexte 16 IPF – Die erste Dekade. 10 Years of Artistic Research. *Theater der Zeit*, Berlin 2018.

subTexte 17 Ausweitung der Spielzone (Yvonne Schmidt). *Chronos*, Zürich 2020

subTexte 18 Minor Cinema: Experimental Film in Switzerland. *JRP Edition|Ringier*, Zürich 2020.

subTexte 19 DisAbility on Stage //disabilityonstage.zhdk.ch. *Hybrid Media Publication*, Zürich 2020.

subTexte 20 Sinn und Sinne im Tanz. Perspektiven aus Kunst und Wissenschaft. (Bischof/Lampert); *transcript,* Bielefeld 2020.

subTexte 21 Performative Sammlungen (Stefanie Lorey) *transcript*, Bielefeld 2020.

subTexte 22 Trotz allem. Gardi Hutter. Biografie (Denise Schmid). *hier + jetzt*, Baden 2021.

subTexte 23 Filmen, Forschen, Annotieren. Handbuch Research Video (Gunter Lösel, Martin Zimper). *Birkhäuser*, Basel 2021.

subTexte 24 Dance and Costumes. A History of Dressing Movement (Elna Matamoros). *Alexander Verlag,* Berlin 2021.

subTexte 25 Fertig gibt's nicht. Bühnenbild. Prozesse. (Michael Simon). *Theater der Zeit*, Berlin 2022.

subTexte 26 Michael Tschechow. Der Schauspieler ist das Theater. *Alexander Verlag,* Berlin 2022

in Vorbereitung:

subTexte 27 Actor & Avatar. Ein Katalog (Mersch, Grunwald, Rey) *transcript,* Bielefeld 2022

www.subtexte.ch

Michael Tschechow

LEKTIONEN FÜR DEN PROFESSIONELLEN SCHAUSPIELER

Nach Notizen transkribiert und zusammengestellt
von Deirdre Hurst du Prey

Deutsch von Michael Raab

Herausgeben von Anton Rey und Mani Wintsch
Mit einem Vorwort von Mel Gordon

subTexte 9

Michael Tschechows anregende Lektionen bieten einen Einstieg in seine Methoden und Techniken zur Erschliessung des imaginativen Potenzials des Schauspielers. Der 1985 in New York veröffentlichte Text erscheint erstmals auf Deutsch.

«Im November 1941 erhielt Michael Tschechow die Möglichkeit, einer Gruppe von Theaterschauspielern die Grundsätze seiner Methode vorzustellen. Im New York Studio wurde eine Serie von vierzehn Unterrichtsstunden abgehalten. Als Tschechows Assistentin dokumentierte ich die gesamte Arbeit. Das transkribierte Material, aus dem die vorliegende Zusammenstellung besteht, gibt ein lebendiges Porträt eines hochbegabten Theaterkünstlers. Niemand, der mit Michael Tschechow gearbeitet hat, wird diese Erfahrung je vergessen.» Deirdre Hurst du Prey